きっと誰かに教えたくなる 読めるようで読めない漢字 教養編

馬刀貝　木訥
八咫烏　土筆　黒衣　白虎　諸
悋気　嚔頭す　輓曳競馬
遉　高砂　雁渡し　棟色
一仙　浪花節　螻蛄　石和
鯉　金襴　芹子　冱てる　雲母
金鍍金　氷柱　鰤起し　朱欒
甲子咲　沛雨

はじめに

新聞、雑誌、書類、小説など、漢字を読むことは、わたしたちの生活の中で欠くことのできない作業です。

本書は、先に出版した『きっと誰かに教えたくなる読めるようで読めない漢字知識編』に引き続いて、みなさまの漢字力アップに資するために作られました。

今回は、より実用的に活用できるように、冠婚葬祭、動植物、季語、地名、四字熟語などのジャンルに分けて収録しました。

また、「小学校で学ぶ漢字を使った三択テスト」では、漢字一つ一つは易しくても書くことが難しい言葉を三択形式で出題することで、正確な漢字の知識を養えるように心がけました。

みなさまの生活のいろいろな場面で、本書を活用していただければ幸いです。

一校舎漢字研究会

目次

第1章

人や行事の漢字

真面

可坊

確り者

我利勉

没分暁漢

木訥

邪慳

恬澹

気風

気忙しい

煩型

鯔背

吝い

狡辛い

御老成

敏い

口巧者

内股膏薬

吝嗇ん坊

為人

呑気

諄諄しい

心延え

直向き

斑気

情誼	媾曳き	紲	入魂	如才ない
依怙贔屓	連む	面子	焼け木杭	椀飯振舞い
相伴	係う	懐く	柵	与する
論う	円居	久闊	三行半	好
横恋慕	駄弁る	甚振る	伝	相見える

▼解答は次のページにあります

まとも
きちんとしている様子。

べらぼう
「箆棒」とも書く。程度がはなはだしいこと。ばか者。

しっかりもの
堅実な人。倹約家。

がりべん
勉強ばかりしている人。

わからずや
頑固でつむじ曲がりの人のこと。

ぼくとつ
飾り気がなく無口なこと。

じゃけん
「邪険」とも書く。意地悪。不人情。

てんたん
性格がさっぱりしている様子。「恬淡」とも書く。

きっぷ
気前。「きふう」と読めば共通の性質のこと。

きぜわしい
せっかちで落ち着かない。

うるさがた
何かと口を出したがる人。

いなせ
粋で男らしい様子。

しわい
けちである。

こすからい
けちでずるい。

おませ
子供が年不相応に大人びていること。

さとい
「聡い」とも書く。理解が早く、判断が的確なこと。

くちごうしゃ
口がうまい人。

うちまたごうやく
節操や定見がなく、変節を繰り返すこと。

けちんぼう
「吝ん坊」などとも書く。

ひととなり
人柄。生まれつきの性質。

のんき
のんびりしていて慌てない様子。「暢気」とも書く。

くどくどしい
しつこい。

こころばえ
心のありさま。心の表れ。

ひたむき
真面目で一途な様子。

むらき
気が変わりやすい様子。「むらぎ」とも読む。

じょうぎ
真心のこもったつきあい。

あいびき
男女が人目を忍んで会うこと。

きずな
「絆」とも書く。結びつき。

じっこん
「じゅこん・じゅっこん」とも。親密で気が置けないさま。

じょさいない
気がきいていて抜かりがない。

えこひいき
特定の人を特別扱いすること。

つるむ
行動をともにする。連れだつ。

メンツ
体面。面目。

やけぼっくい
「焼け木杭に火がつく」で男女がよりを戻すこと。

おうばんぶるまい
盛んなもてなし。

しょうばん
正客に伴われてともに接待を受けること。

かかずらう
「拘う」とも書く。かかわりをもつ。関係する。

なつく
なれ親しむ。「なずく」とも読む。

しがらみ
原義は水流を遮る杭。転じて世間的な束縛。

くみする
仲間になる。味方する。

あげつらう
あれこれ論じ合う。相手の欠点を言いたてる。

まどい
親しい者が集まり和やかに過ごすこと。「団居」とも。

きゅうかつ
久しく会わないこと。便りをしないこと。

みくだりはん
離縁状。

よしみ
「誼」とも書く。親しい関係。縁。

よこれんぼ
既に恋人や配偶者のある人に恋をすること。

だべる
無駄話をする。

いたぶる
いじめる。

つて
頼りにすることができる縁故。手づる。

あいまみえる
出会う。

逆上せる	竦然	庶幾う	忿怒	戯る
苛立つ	焦れる	怖気	悪怯れる	魂消る
羞じらう	珍紛漢紛	嬌嗔	間怠い	心悲しい
悍ましい	悲喜交々	尻擽い	漫ろ	緊緊
殆	不如意	懈怠	詫び入る	弥立つ

狼狽える	鬱陶しい	周章てる	料簡	己惚れる
不貞腐れる	妬く	拗ねる	悄れる	欷歔
悶え	嗚呼	嗟歎	愧じる	戦慄く
慷慨	蕩ける	憾む	駭く	鬱ぐ
面映い	欣喜	慊焉	忸怩	耄ける

のぼせる
頭に血がのぼる。興奮する。

しょうぜん
恐ろしくてぞっとする様子。

こいねがう
切に願う。「冀う・希う」とも書く。

ふんぬ
「ふんど」とも読む。激しく怒ること。

あざる
ふざける。たわむれる。

いらだつ
思い通りにいかず、気持ちが落ち着かないこと。

じれる
いらいらして我慢できなくなる。

おぞけ
「おじけ」とも読む。ぞっとする気持ち。

わるびれる
おどおどする。

たまげる
びっくりする。驚く。

はじらう
恥ずかしがる。はにかむ。

ちんぷんかんぷん
わけがわからない。

きょうしん
可愛らしい女性の怒り。

まだるい
じれったい。

うらがなしい
なんとなく悲しい。

おぞましい
恐ろしく、厭(いと)わしい。

ひきこもごも
悲しみや喜びが入り交じる様子。

しりこそばゆい
おだてられるなどして、きまりが悪い。

そぞろ
そわそわして落ち着かない様子。

ひしひし
強く感じられる様子。「犇犇」とも書く。

ほとほと
切実に感じる様子。つくづく。「殆困った」

ふにょい
思い通りにならない様子。

けたい
なまける。だらける。「けだい・かいたい」とも読む。

わびいる
心からわびる。あやまる。

よだつ
ぞっとして体の毛が逆立つ。「いよたつ」などとも読む。

うろたえる
気持ちが動揺する。

うっとうしい
気持ちが晴れない。

あわてる
「慌てる」とも書く。気持ちが動揺して、落ち着きを失う。

りょうけん
「了簡・了見」とも書く。思惑。考え。

うぬぼれる
「自惚れる」とも書く。自信過剰。

ふてくされる
不平・不満を抱いて反抗的な態度をとる。

やく
やきもちをやく。ねたむ。

すねる
不満を抱いて逆らった態度をとる。

しおれる
しょんぼりする。「萎れる」とも書く。

ききょ
すすり泣くこと。

つかえ
「支え・痞え」とも書く。「胸の閊えがおりる」

ああ
感動を表す語。感嘆詞。

さたん
嘆くこと。または感心して褒めること。

はじる
「恥じる」に同じ。自分を恥ずかしく思う。

わななく
恐怖で震えること。

こうがい
世の中の不正などに怒ること。

とろける
うっとりする。

うらむ
残念に思う。

おどろく
「驚く」に同じ。びっくりする。

ふさぐ
気持ちが晴れず、落ち込む。

おもはゆい
照れくさい。

きんき
喜ぶこと。「欣喜雀躍」

けんえん
不満に思うことと満足することの二通りの意味がある。

じくじ
自分で恥じ入ること。

ほうける
「惚ける」とも書く。ぼんやりする。

馬手

弓手

掌

太股

股座

臍

脊椎

腑

懸壅垂

御凸

御頭

身柱元

目縁

眼瞼

鬢

髭

睫毛

黒子

雀斑

歯齦

踵

膝蓋骨

臑

咽

蹠

小舌

心窩

会厭

肋

蟀谷

臍帯

顋

下顎骨

髀肉

項

腭

拇指

跣

頸骨

靨

臀

耳朶

蒙古襞

臂

膵臓

盆の窪

鼻梁

満腔

腓

眸

めて
右手。武将が馬の手綱を右手でとったことから。

ゆんで
左手。武将が弓を左手でとったことから。

たなごころ
「てのひら・たなうら」とも読む。

ふともも
足のつけ根から膝までの部分。「太腿」とも書く。

またぐら
両ももの間。股間。

へそ
「ほぞ」とも読む。

せきつい
背骨を形成する骨。椎骨。

はらわた
「腸」とも書く。内臓のこと。

けんようすい
のどちんこ。

おでこ
ひたい。前頭部。

おつむ
頭のこと。「おつむり」とも読む。

ちりけもと
襟足。首筋。「天柱元」とも書く。

まぶち
目のふち。まぶた。

がんけん
まぶた。

びん
頭の左右側面の髪。

ひげ
口の周囲に生える毛。本来は、口ひげを表す。

まつげ
「睫」とも書く。まぶたのふちに生えている毛。

ほくろ
「こくし・ほくそ・ははくろ」などとも読む。

そばかす
顔面に点在する小さな斑点。「じゃくはん」とも読む。

しぎん
歯茎のこと。

かかと
足の裏の後ろの部分。「きびす・くびす」とも読む。

しつがいこつ
膝こぞうの骨。

すね
「脛」とも書く。膝からくるぶしまでの部分。

のど
「喉」とも書く。口の奥の部分。

あしのうら
足の裏。

ひこ
のどちんこ。

しんか
みぞおち。

ええん
喉頭蓋（こうとうがい）。食べ物が気管に入るのを防ぐ器官。

あばら
肋骨。

こめかみ
「顳顬」とも書く。額の両端部分で、噛むと動くところ。

さいたい
へその緒。

えら
あごの両端。「顋が張っている」

かがくこつ
下あごの骨。

ひにく
ももの肉。「髀肉の嘆」

うなじ
首の後ろの部分。

あご
あご。

ぼし
親指のこと。

はだし
「裸足」とも書く。素足。

けいこつ
首の骨。

えくぼ
笑うと頬にできる小さなくぼみ。

しり
「尻」とも書く。

みみたぶ
「じだ」とも読む。耳の下部のふくらんだところ。

もうこひだ
目頭の部分にあるアジア人特有のひだ。

ひじ
「肘・肱」とも書く。腕の中間の関節部分。

すいぞう
膵液を分泌する器官。胃の後ろにある。

ぼんのくぼ
うなじのくぼんだ部分。

びりょう
鼻すじ。

まんこう
体全体。体じゅう。

こむら
ふくらはぎ。

ひとみ
「瞳」とも書く。瞳孔。

蹣跚ける

薙ぐ

翻筋斗打つ

点頭く

蹲う

踢る

去なす

撮む

宛行う

散蒔く

挿げる

掻き毟る

綰ねる

踏み拉く

躪る

拈る

攀じる

齏える

佩く

梳く

乗り熟す

均す

端折る

嗽

鑽る

身動ぐ

撓垂れる

捩る

捏ねる

綯う

刮げる

抉じ開ける

仰け反る

跨がる

銜える

舐る

弄る

紮げる

捲る

包める

咽せる

転ける

打棄る

抄う

流離う

屡叩く

圧し折る

挿頭す

渫う

匍う

よろける
ふらふらする。「蹌踉ける」とも書く。

なぐ
刀などを横にはらって切りつける。

もんどりうつ
とんぼ返りをする。

うなずく
「頷く・首肯く」とも書く。

つくばう
膝をつく。うずくまる。

せぐくまる
体を前に曲げて丸める。「せくぐまる」とも読む。

いなす
攻撃などを軽くかわす。「往なす」とも書く。

つまむ
「摘まむ・抓む」などとも書く。指先ではさむ。

あてがう
ぴたっと物をあてる。または与える。

ばらまく
乱雑にまきちらす。

すげる
はめ込んだり、さし込んだりする。

かきむしる
むしるようにひっかく。

わがねる
紐などを曲げて輪にする。「たがねる」とも読む。

ふみしだく
踏んでつぶす。踏みにじる。

にじる
膝をついてじわじわと寄る。

ひねる
「捻る・撚る」とも書く。ねじる。

よじる
よじのぼる。

あえる
「和える」とも書く。食材に酢や味噌・胡麻などを混ぜる。

はく
刀などを腰にさす。

すく
髪の毛や糸をくしでとかす。

のりこなす
馬や車などを自由自在に操る。

ならす
土地などを平らにする。

はしょる
着物の裾を上げて帯などにはさむ。または省略する。

うがい
口をすすぐこと。

きる
物をすったり火打ち石を合わせたりして火をおこす。

みじろぐ
体を動かす。

しなだれる
弱々しくよりかかる。

ねじる
「よじる」とも読む。ひねるように力を加える。

こねる
粉などに水を加えて練る。あれこれと言う。

なう
糸や藁（わら）などをよって一本の紐や縄にする。

こそげる
削り落とす。

こじあける
隙間に物を差し込むなどして無理にあける。

のけぞる
仰向けに上半身を曲げる。

またがる
両足を開いて乗る。

くわえる
歯や唇にはさんで支える。

ねぶる
なめる。しゃぶる。

いじる
触ったり動かしたりする。もてあそぶ。

からげる
紐などで縛る。まくりあげて落ちないようにする。

めくる
覆っている物をはいだり上げたりする。

くるめる
包み込む。まとめる。

むせる
せき込む。息をつまらせる。

こける
転ぶ。

うっちゃる
ほうり出す。投げ捨てる。

すくう
「掬う」とも書く。液体などをさらいとる。

さすらう
あてもなくさまよい歩く。

しばたたく
しきりにまばたきをする。

へしおる
強い力を込めて折る。

かざす
花などを髪にさす。

さらう
「浚う」とも書く。水底などのごみを取り除く。

はう
腹ばいで進む。「這う」とも書く。

這う這うの体

為体

兀兀

仄仄

随に

外連味

左見右見

白面

忽忽

驀地

科

擅に

潑溂

押柄

太太しい

幼気

憎体

鹿爪らしい

頓

態とらしい

適

捷い

大仰

虚仮威し

際疾い

毅然	傲岸不遜	憮然	婉然	泰然
飄逸	窈窕	蹶然	粛然	茫然
放肆	孜孜	矍鑠	鯱張る	瀟灑
豁達	靦然	凛乎	楚楚	溷濁
微酔い	粗忽	昏昏	吶吶	洒脱

ほうほうのてい
散々な目に遭って逃げ出す様子。

ていたらく
ありさま。様子。

こつこつ
地道に努力する様子。

ほのぼの
心あたたまる様子。ほのかに明るい様子。

まにまに
成り行き任せな様子。

けれんみ
はったりやごまかし。

とみこうみ
あちらを見たりこちらを見たりすること。

しらふ
「素面」とも書く。酒に酔っていない様子。

そうそう
慌ただしい様子。

まっしぐら
激しい勢いで目標に向かう様子。

しな
「科を作る」で色っぽいしぐさを見せる。「とが・か」とも。

ほしいままに
「恣に・縦に」とも書く。勝手気ままな様子。

はつらつ
生気が満ち溢れている様子。

おうへい
人を見下したような偉そうな様子。

ふてぶてしい
憎らしいほどずうずうしい。

いたいけ
幼くていじらしい様子。

にくてい
いかにも憎らしげな様子。

しかつめらしい
まじめくさって堅苦しい。

ひたぶる
一途な様子。ひたすら。

わざとらしい
いかにもわざとやったかのようで不自然だ。

あっぱれ
見事な様子。「天晴れ」とも書く。

はしこい
動作が機敏な様子。「はやい」とも読む。

おおぎょう
もったいぶって大げさな様子。

こけおどし
見せかけだけで、中身の伴わないこと。

きわどい
もう少しで限度を超えそうな状態。

きぜん
意志が強く、物事に動じない様子。

ごうがんふそん
おごりたかぶった様子。

ぶぜん
思い通りにならなくて不満な様子。

えんぜん
しとやかで美しい様子。

たいぜん
落ち着いていて物事に動じない様子。

ひょういつ
世俗にこだわらず、自由気ままな様子。

ようちょう
上品で美しい様子。

けつぜん
勢いよく立ち上がる様子。

しゅくぜん
身をひきしめてかしこまる様子。

ぼうぜん
ぼんやりする様子。

ほうし
勝手気ままで乱れている様子。

しし
一生懸命に努める様子。

かくしゃく
年老いても元気な様子。

しゃちほこばる
いかめしく構える。

しょうしゃ
「瀟洒」とも書く。シックで洗練されている様子。

かったつ
「闊達」とも書く。心が広く些事にこだわらない様子。

てんぜん
厚かましい様子。

りんこ
りりしい様子。

そそ
清楚でおしとやかな様子。

こんだく
「混濁」とも書く。乱れること。混乱すること。

ほろよい
ほどほどに酔った状態。

そこつ
そそっかしい様子。

こんこん
意識のない様子。またよく眠っている様子。

とつとつ
「訥訥」とも書く。口ごもりつつ話す様子。

しゃだつ
粋で俗気のないこと。

益荒男

密男

甚助

物夫

小倅

若気男

鰥夫

売僧

侠客

女誑し

壮丁

優男

助兵衛

懦夫

野幇間

偉丈夫

遊治郎

郎子

醜男

出歯亀

温助

夫子

檀那

三一

破落戸

采女	花魁	未通女	阿多福	契情
衣通姫	閨秀	女将	蛾眉	嫗
醜女	御内儀	手弱女	側女	敵娼
懶婦	悍婦	舞妓	瞽女	早少女
婢女	女丈夫	刀自	郎女	御俠

ますらお
立派な男のこと。「丈夫」などとも書く。

みそかおとこ
「まおとこ」とも読む。人妻を寝取った男のこと。

じんすけ
情欲が盛んで嫉妬深い男。

もののふ
「武士」とも書く。武士、侍の古称。

こせがれ
息子。若造。

にやけおとこ
にやけた男。

やもお
妻を失った男。「やもめ」とも読む。

まいす
堕落した僧。

きょうかく
任侠（にんきょう）を旨とする者。渡世人。

おんなたらし
女性を次々と誘惑して遊ぶ男。プレーボーイ。

そうてい
成年に達した男性。

やさおとこ
気立ての優しげな男。

すけべえ
好色なこと。好色な人。

だふ
意気地のない男。

のだいこ
芸のない太鼓持ち。

いじょうふ
体格の立派な男性。「いじょうぶ」とも読む。

ゆうやろう
酒色におぼれた男。道楽者。

いらつこ
上代の若い男性の呼称。

ぶおとこ
「しこお」とも読む。容姿の醜い男。

でばかめ
覗き見などをする者。

ぬくすけ
ぼんやりした男。

せこ
上代、恋人や夫を読んだ語。「背子・兄子」とも書く。

だんな
「旦那」とも書く。主人。仏教でお布施をくれる人の意。

さんぴん
身分の低い侍。

ごろつき
ならず者。無頼漢。

けいせい
「傾城」とも書く。美女。遊女。

おたふく
丸顔で額が前方に出て、頬がふくれ、鼻の低い女性の面。

おとめ
世間ずれしていない女性。処女。「おぼこ」とも読む。

おいらん
江戸吉原の遊郭で姉女郎のこと。上位の遊女をさす。

うねめ
宮中で天皇・皇后の側に仕え、雑役にあたった女官。

おうな
お婆さんのこと。老女。「嫗」とも書く。

がび
美しい眉。転じて美人のこと。

おかみ
料理屋・宿屋の女主人。

けいしゅう
学問・芸術に優れた女性。「閨秀作家」

そとおりひめ
日本神話の伝説の美女。

あいかた
遊興の相手となる遊女。

そばめ
側室。妾（めかけ）。

たおやめ
「たわやめ」とも読む。優美な女性。

おかみ
奥さん。「おないぎ」とも読む。

しこめ
顔の醜い女の意。「しゅうじょ」とも読む。

さおとめ
「早乙女」とも書く。田植えをする若い女性。

ごぜ
弾き語りをする盲目の女性。

まいこ
舞を舞って酒宴に花を添える少女。

かんぷ
気の荒い女性。

らんぷ
怠け者の女性。

おきゃん
おてんばな娘。

いらつめ
上代の若い女性の呼称。

とじ
年配の女性の敬称。

じょじょうふ
男勝りの女性。女傑。「じょじょうぶ」とも読む。

はしため
「端女」とも書く。召使いの女性のこと。

風丰	鉤鼻	寸胴	蟹股	矮軀
眇	御垂髪	赭ら顔	見窄らしい	身形
下脹れ	豊頬	花車	猪首	瓜核顔
夷顔	時勢粧髪	堅肥り	太り肉	節榑立つ
眉目良い	小兵	反っ歯	胡坐鼻	末生り

従兄弟

後裔

岳父

継子

嫡子

舅姑

嚊

垂乳根

小姑

曽祖父

仍孫

舅

曽孫

再従姉妹

眷族

玄孫

閨閥

嫂

許嫁

庶子

繋累

継嗣

鴛鴦夫婦

糟糠の妻

愛娘

ふうぼう
「風貌」とも書く。容姿と風采。

かぎばな
かぎのようにとがった鼻。

ずんどう
上から下まで太さが変わらない様子。

がにまた
両足が外側に曲がっていること。

わいく
背丈の低い体つき。

すがめ
両目のバランスが整っていないこと。

おすべらかし
鬢（びん）を張り、背のほうへ長くもたげた女性の髪形。

あからがお
赤みを帯びた顔つき。

みすぼらしい
みっともない。外見が貧相だ。

みなり
髪形や服装など。体つき。格好。

しもぶくれ
頬から下がふくれている顔。平安時代の美人の典型。

ほうきょう
肉づきのいい、ぽっちゃりした頬。

きゃしゃ
「華奢」とも書く。体つきが細くて上品なさま。

いくび
首が太くて短いこと。

うりざねがお
「瓜実顔」とも書く。瓜の種に似た色白で面長の顔。

えびすがお
にこにこした顔つき。

ばさらがみ
ボサボサになった髪。「婆娑羅髪」とも書く。

かたぶとり
太っているが筋肉質の体型。

ふとりじし
肉づきのよいこと。

ふしくれだつ
筋張ってごつごつしている様子。「節榑立った手」

みめよい
顔立ちが優れている。みめうるわしい。

こひょう
スポーツ選手などで、比較的体の小柄な者。

そっぱ
前歯が外側に出ていること。出っ歯。

あぐらばな
低くて横に広い鼻。

うらなり
蔓先（つるさき）になった実。転じて顔色が悪く弱々しい人。

いとこ
父母の兄弟・姉妹の息子。

こうえい
子孫。

がくふ
妻の父。

ままこ
「けいし」とも読む。血のつながりのない子。

ちゃくし
あとつぎ。

きゅうこ
しゅうととしゅうとめ。

かかあ
「嬶」とも書く。女房。

たらちね
母。

こじゅうとめ
夫または妻の姉妹。「こじゅうと」とも読む。

そうそふ
ひいおじいさん。

じょうそん
自分より七代後の子孫。

しゅうと
夫または妻の父。

ひまご
孫の子。「そうそん」とも読む。

はとこ
「またいとこ」とも読む。親がいとこ同士の関係の子。

けんぞく
「眷属」とも書く。親族のこと。

やしゃご
ひまごの子。「げんそん」とも読む。

けいばつ
妻の親類を中心とする派閥。

あによめ
兄の妻。

いいなずけ
「許婚」とも書く。結婚を約束した相手。婚約者。

しょし
正妻ではない女性から生まれた子。

けいるい
「係累」とも書く。養わなければならない家族。

けいし
あととり。

おしどりふうふ
仲のよい夫婦。

そうこうのつま
若いころから苦労をともにしてきた妻。

まなむすめ
可愛がっている娘。

華燭の典	忌明け	喜寿	弔う	香奠
古稀	三三九度	傘寿	祝言	卒寿
高砂	荼毘	媒人	結納	初七日
末期の水	御芽出度	祭祀	本卦還り	餞
戒名	彼岸会	献饌	初冠	諡

竿灯

修祓

垂

霊供膳

卒哭忌

楪

誄歌

揺取

筥迫

粽

膝行

向付

袱紗

日供祭

屠蘇散

片木盆

納所

簪

綸子

月忌

酒肴料

霊璽

子生婦

楽人

直会

かしょくのてん
結婚式。

いみあけ
喪の期間が終わること。「きあけ」とも読む。

きじゅ
七十七歳の祝い。

とむらう
死を悼む。死者の霊を鎮める。「とぶらう」とも読む。

こうでん
「香典」とも書く。死者の霊前に供える金品。

こき
「古希」とも書く。七十歳の祝い。

さんさんくど
新郎新婦が杯を交わして夫婦の誓いをすること。

さんじゅ
八十歳の祝い。

しゅうげん
結婚式。

そつじゅ
九十歳の祝い。

たかさご
婚礼の儀でよく歌われる謡曲の曲名。

だび
火葬。「荼毘に付す」

なこうど
「仲人」とも書く。結婚の媒酌をする人。

ゆいのう
婚約のしるしに金品を取り交わすこと。

しょなぬか
「しょなのか」とも読む。死後七日目に行われる法要。

まつごのみず
臨終の時に死者の口に含ませる水。死に水。

おめでた
結婚や妊娠・出産などのめでたいこと。

さいし
まつりごと。

ほんけがえり
還暦のこと。

はなむけ
門出に際して祝いの気持ちを込めて贈る金品。

かいみょう
仏教で死者につける名。

ひがんえ
彼岸の七日間に行われる仏事。

けんせん
神事で祝詞（のりと）をあげる前に神前に供え物をすること。

ういこうぶり
元服のこと。「ういかんむり」などとも読む。

おくりな
死後に贈られる名。または戒名。

かんとう
秋田市で行われる七夕祭の行事。

しゅばつ
おはらいをすること。「しゅうふつ」とも読む。

しで
注連縄（しめなわ）などにつけて垂らす紙。

りょうぐぜん
霊前に供える食事。「れいぐぜん」とも読む。

そっこくき
命日から百日目に行われる法要。

ゆずりは
葉が新年の飾り物に使われる常緑高木。

るいか
死者の生前の徳をたたえ弔（とむら）う歌。

かいどり
婚礼衣装で用いられる小袖。打掛（うちかけ）。

はこせこ
和装の女性が懐に入れて持つ装身具。

ちまき
端午（たんご）の節句に食べる餅。

しっこう
神前などで、膝をついて進退すること。

むこうづけ
懐石料理で膳の向こう側に配する料理。

ふくさ
祝儀や香典を包むための布。

にっくさい
毎朝神前に供え物を捧げて祈る祭事。

とそさん
年始に飲む延命長寿の漢方薬。

へぎぼん
神仏への供え物を載せるための盆。

なっしょ
禅寺で、金銭の収支を扱うところ。

かんざし
女性が頭髪に挿す装飾品。

りんず
着物に用いられる滑らかで光沢のある絹織物。

がっき
毎月の、故人の命日にあたる日。

しゅこうりょう
宴席などで、招待の返礼として包む金。

れいじ
故人の霊の代わりとして祭る神具。

こんぶ
結納品の一つで昆布のこと。子孫繁栄の象徴。

がくじん
雅楽を奏する人。「がくにん」とも読む。

なおらい
神事の後、供えた物を下ろして行う酒宴。

白馬の節会	針供養	灌仏会	初詣	大祓
早苗饗	神嘗祭	夷講	盂蘭盆会	釈奠
破魔矢	鯉幟	新嘗祭	涅槃会	七種粥
酉の市	祇園祭	寒稽古	施餓鬼	鬼灯市
放生会	佞武多	雛祭	生剝	出初式

聖霊会

神御衣祭

解夏

御火焚

朳

御身拭

団扇撒

御射山祭

維摩会

白朮詣

御忌

競渡

御命講

寒垢離

御璽頂き

強飯式

伝教会

瑞饋祭

寒施行

成木責め

御影供

賓頭盧廻

曝涼

馬騎初

歯固

おおはらえ
罪や穢（けが）れをはらう神事。

はつもうで
新年になって初めて寺社に参拝すること。

かんぶつえ
陰暦四月八日の釈迦の誕生日に行う法会。

はりくよう
二月八日に使えなくなった針を供養する行事。

あおうまのせちえ
正月七日に朝廷で「白馬」を見て宴を催した行事。

せきてん
「しゃくてん・さくてん」とも読む。孔子をまつる儀式。

うらぼんえ
陰暦七月十五日を中心に行われる仏教の行事。

えびすこう
商売繁盛を願って行う行事。

かんなめさい
十月に天皇が伊勢神宮に新米を奉る大祭。

さなぶり
田植えの終わりに行う祝い。

ななくさがゆ
一月七日に春の七草を入れて作る粥。

ねはんえ
釈迦（しゃか）の命日とされる陰暦二月十五日に行う法会。

にいなめさい
十一月二十三日、天皇が新米を召し上がる儀式。

こいのぼり
端午の節句に立てる鯉の形に作ったのぼり。

はまや
正月の縁起物。

ほおずきいち
七月九、十日、東京・浅草寺の境内で開かれる市。

せがき
餓鬼道に堕ちた者を供養する法会。

かんげいこ
武道などで寒中に行うけいこ。

ぎおんまつり
七月に行われる京都八坂神社の祭り。

とりのいち
十一月の酉の日に開かれる鷲（おおとり）神社の祭礼。

でぞめしき
一月初旬に消防士がはしご乗りなどを演ずる行事。

なまはげ
大晦日の晩に鬼の面を被った男が家々を回る行事。

ひなまつり
三月三日の節句に行う女の子のための行事。

ねぶた
東北地方で行われる七夕行事。弘前では「ねぷた」。

ほうじょうえ
石清水八幡宮で行われる生き物を放してやる神事。

しょうりょうえ
聖徳太子の忌日に行う法会。

かんみそさい
五月と十月の十四日に伊勢神宮で行う祭典。

げげ
僧が夏の安居（あんご）を終えること。

おほたき
京都の諸社で行う冬の火祭。「おひたき」とも。

えんぶり
東北地方で行われる、その年の豊作を祈念した舞。

おみぬぐい
寺院において、本尊の像身を拭き清める行事。

うちわまき
奈良の唐招提寺で五月十九日に行う行事。

みさやままつり
長野県諏訪大社で八月に行う祭事。

ゆいまえ
奈良県興福寺で、維摩経を講読する法会。

おけらまいり
年末年始に京都市八坂神社に参詣する行事。

ぎょき
法然上人の忌日に行う法会。

けいと
ボートレース。六月に長崎で行われるものが有名。

おめいこう
日蓮上人の忌日、陰暦十月十三日に行う法会。

かんごり
寒中、冷水を浴びて神仏に祈願すること。

ごはんいただき
正月に鎌倉の鶴岡八幡宮で行う祭事。

ごうはんしき
日光山輪王寺（りんのうじ）に伝わる行事。

でんぎょうえ
伝教大師最澄の忌日、六月四日に行う法会。

ずいきまつり
京都市北野天満宮で行う秋の祭事。

かんせぎょう
寒中、鳥獣への施しとして食物を置く風習。

なりきぜめ
果樹の豊熟を願う小正月の行事。

みえいく
弘法大師空海の忌日、三月二十一日に行う法会。

びんずるまわし
一月六日に行う長野市善光寺の行事。

ばくりょう
夏や秋に、書籍や衣類を干すこと。虫干し。

うまのりぞめ
新年初めて馬に乗る儀式。

はがため
正月にかたい物を食べて、長寿を願う行事。

小学校で学ぶ漢字を使った三択テスト①

●正しい漢字を選びましょう。

1 さしものしとして生計を立てる。〔指物師　止物師　射物師〕

2 こうなごの佃煮が好物だ。〔子女児　小女子　子産女〕

3 中国で本場のビーフンを食べる。〔米芽　米粉　米飯〕

4 もずくのスープを作る。〔水綿　水毛　水雲〕

5 ふつつか者ですがよろしくお願いします。〔不末　不届　不束〕

6 大雪により電車が遅延する。
〔因り　由り　寄り〕

7 ドラマは最高ちょうに達した。
〔頂　潮　調〕

8 このテストはじゃっかん難しい。
〔弱完　若干　尺間〕

9 あの人はせこに長けている。
〔世故　背古　生呼〕

10 なまはんかなことでは合格できない。
〔生反果　生半可　生飯下〕

11 ひねもす映画を見て過ごす。
〔終日　朝夕　始終〕

12 今夜はぶれいこうで行こう。
〔無令交　無礼講　無礼交〕

▼解答は次のページにあります

解答

1 指物師
2 小女子
3 米粉
4 水雲
5 不束
6 因り
7 潮
8 若干
9 世故
10 生半可
11 終日
12 無礼講

解説

1 「指物」は木の板を組み合わせて作った家具や器具のこと。

3 「米粉」はうるち米を原料とした麺の一種で、中国南部や台湾、東南アジアで食べられている。

4 「水雲」は「海雲」とも書く。

5 「不束」とは、配慮が行きとどかないこと。気が利かないこと。

9 「世故に長ける」とは、世の中の事情に通じており、世渡りがうまいこと。

12 「無礼講」とは、身分・地位などの上下による堅苦しい礼儀を抜きにして行う宴会のこと。

第2章

食べ物や趣味の漢字

芥子蓮根	棊子麺	糠漬	焼売	銅鑼焼き
御新香	卓袱料理	御手洗団子	水団	鱁鮧
羹	洗膾	餺飥	叉焼麺	笊蕎麦
御強	醪	加薬御飯	葱鮪	巻繊汁
熬り子	身欠き鰊	海参	棒棒鶏	摘入

黄な粉	搾菜	麺媽	烏龍茶	鍋焼饂飩
甘露煮	醴	栗金団	湯麺	御数
潮汁	濃餅汁	鯉濃	外郎	柚餅子
鮟鱇鍋	牡丹鍋	味醂干	塩汁鍋	安倍川餅
齏え物	瓊脂	縮緬雑魚	切蒲英	雷粔籹

▼解答は次のページにあります

からしれんこん
蓮根の穴に芥子を詰めたもの。

きしめん
名古屋名産の平たく作ったうどん。

ぬかづけ
米糠と塩で漬けた漬物。

シューマイ
薄い小麦粉の皮にひき肉などを詰めて蒸した食べ物。

どらやき
二枚の皮の間に餡(あん)をはさんだ焼き菓子。

おしんこ
漬物。

しっぽくりょうり
長崎の郷土料理。

みたらしだんご
竹串に団子を刺し、甘いタレをからませたもの。

すいとん
小麦粉を水でこねたものを煮た料理。

うるか
鮎の卵や内臓を塩漬けにした食品。

あつもの
野菜や魚肉などを入れた熱い吸い物。

あらい
「洗魚」とも書く。刺身の一種。

ほうとう
山梨の郷土料理。

チャーシューめん
焼き豚をのせたラーメン。

ざるそば
盛りそばに刻み海苔をのせたそば。

おこわ
もち米に小豆を混ぜて蒸籠(せいろ)で蒸したもの。

もろみ
まだ濾(こ)さない粒の混じった醤油や酒。

かやくごはん
混ぜご飯。五目飯。

ねぎま
ネギの上にマグロをのせて煮る鍋料理。

けんちんじる
豆腐と野菜を具としたすまし汁。

いりこ
煮干し。「炒り子」とも書く。

みがきにしん
ニシンの頭と尾と内臓を取って干したもの。

いりこ
ナマコを干した中華料理の食材。

バンバンジー
鶏肉を胡麻味噌で和えた中華料理。

つみれ
鶏肉や魚肉をすりつぶして丸めたもの。

なべやきうどん
土鍋で野菜などと一緒に煮込んだうどん。

ウーロンちゃ
中国産の茶の一種。

メンマ
中国産の筍を加工した食べ物。ラーメンの具に使う。

ザーサイ
中華料理の漬物。

きなこ
だんごや餅などにまぶして食べる黄色い粉。

おかず
食事の時の副食物。

タンメン
塩味のスープの中華そば。

くりきんとん
サツマイモのあんにクリを加えた金団。

あまざけ
酒かすから作る甘い飲み物。

かんろに
魚などを甘辛く煮たもの。

ゆべし
米の粉に柚子の皮などを混ぜて蒸した餅菓子。

ういろう
米の粉に砂糖などを加えて蒸し上げた菓子。

こいこく
鯉をぶつ切りにして味噌汁で煮込んだ料理。

のっぺいじる
葛粉でとろみをつけた野菜汁。

うしおじる
魚介を入れ、塩だけで味をつけた吸い物。

あべかわもち
きなこにまぶした餅。

しょっつるなべ
魚の塩漬からとった汁を調味料とした鍋料理。

みりんぼし
イワシやアジを味醂醤油に漬けて干したもの。

ぼたんなべ
イノシシの肉の鍋料理。

あんこうなべ
アンコウの肉や内臓を具材にした鍋料理。

かみなりおこし
東京・浅草名物の菓子。

きりたんぽ
秋田名産の食べ物。飯をつぶして杉串にぬる。

ちりめんじゃこ
「ちりめんざこ」とも読む。魚の稚魚を煮て干した食品。

ところてん
「心太」とも書く。テングサから作る食べ物。

あえもの
「和え物」とも書く。酢や味噌などで和えた食べ物。

浅葱
石刁柏
榠樝
朱欒
湿地
芹子
大蒜
八朔
椪柑
萌やし
棗
辣韮
木瓜
烏芋
酢橘
葱頭
壬生菜
檸檬
莢隠元
蓴菜
李
牛蒡
仏手柑
小金瓜
藷

柑子	酸塊	茘枝	燕麦	蕪菁
稷	蚕豆	草石蚕	薯蕷芋	薄荷
穎割れ大根	分葱	筍	苺	自然生
芥子菜	高粱	豇豆	茄	韮
舞茸	萵苣	生薑	水瓜	無花果

あさつき
ネギ類の野菜。薬味に使う。

アスパラガス
ユリ科の西洋野菜。「せきちょうはく」とも読む。

かりん
バラ科。中国原産の落葉高木。実は食用。

ザボン
柑橘類の一つ。非常に大きな実をつける。

しめじ
キノコの一種。「占地」とも書く。

せり
セリ科の多年草。春の七草の一つ。

にんにく
「葫」とも書く。スタミナ料理に欠かせない。

はっさく
柑橘《かんきつ》類の一つ。

ポンかん
ミカン科の常緑小高木。南アジア原産。香気が高い。

もやし
穀類などを水に浸し日光を遮って芽を出させたもの。

なつめ
ナツメ属の落葉小高木。実は薬用。

らっきょう
ニンニクに似た野菜。酢漬けにして食べる。ユリ科。

きゅうり
ウリ科。「胡瓜」と書くのが一般的。

くわい
サトイモに似た野菜。「慈姑」とも書く。

すだち
ミカン科。ユズに似た果物。香りが高い。

たまねぎ
「玉葱」とも書く。オニオン。

みぶな
アブラナ科の野菜。主に漬物にする。

レモン
代表的な柑橘類。香りが高く酸っぱい。

さやいんげん
さやごと食用とするいんげんまめ。

じゅんさい
水草。寒天のような膜に覆われた葉や茎を食す。

すもも
中国原産。桃より小さく、酸味が強い。

ごぼう
キク科。まっすぐで細長い根を食用とする。

ぶしゅかん
柑橘類の一つ。実の先が指の形のように分かれる。

トマト
ナス科。イタリア料理には不可欠の野菜。

いも
「芋・薯」とも書く。根を食用とするイモ類の総称。

こうじ
ミカンの一種。実は小さく酸味が強い。

すぐり
ユキノシタ科の落葉低木。赤い実は食用。

れいし
ムクロジ科の常緑高木。ライチ。

えんばく
麦の一種。オートミールとして食べる。

かぶら
カブの別名。

きび
「黍」とも書く。穀物。

そらまめ
名の由来は豆果が空に向かってつくことだという。

ちょろぎ
シソ科。地下茎は食用。「ちょうろぎ」とも読む。

とろろいも
とろろにする芋。ヤマイモなど。

はっか
シソ科の多年草。香辛料の原料になる。ミント。

かいわれだいこん
ダイコンの若葉。

わけぎ
ユリ科。ネギの変種。

たけのこ
竹の若芽。食用。「竹の子」とも書く。

いちご
赤色の果物。バラ科。

じねんじょ
「じねんじょう」とも読む。ヤマイモ。

からしな
アブラナ科の越年草。葉は漬物の材料。

コーリャン
中国産のモロコシの一種。

ささげ
「ささぎ」とも読む。マメ科の一年草。

なす
「茄子」とも書く。ナス科の一年草。

にら
ユリ科の多年草。独特の臭気がある。

まいたけ
キノコの一種。食用とされ、美味。

ちしゃ
キク科の一年草または二年草。レタスやサラダ菜。

しょうが
「生姜」とも書く。料理の薬味として使われる。

すいか
「西瓜」とも書く。夏の代表的な果物。

いちじく
クワ科の落葉高木。果実は食用。

鱚	鰧	鰡	間八	細魚
海馬	篦鮒	鰄	鯡	魴鮄
蝶鮫	鮃	鯥五郎	魬	鰌
鯒	石首魚	天魚	馬刀貝	菊石
鰶	柳葉魚	磯巾着	鰒	若鷺

茅渟	蝤蛑	鰣	海松貝	𩸽
眼仁奈	玉筋魚	鮬	鰉	持子
鰡	河貝子	氷下魚	鮪	鰰
翻車魚	蛤仔	鱶	拶双魚	権瑞
鯇	鱏	伊寿墨	伊富魚	鱮

さより
ダツ目の海水魚。近海にすむ細長い魚。「針魚」とも書く。

かんぱち
スズキ科の海水魚。刺身にすると美味。

ぼら
スズキ目。出世魚の一つ。卵はカラスミの原料になる。

おこぜ
オコゼ類の総称。外見はグロテスクだが美味。

きす
近海にすむ体の細長い魚。天ぷらなどにする。

ほうぼう
カサゴ目の海水魚。海底にすみ、食用になる。

にしん
ニシン目の海水魚。「鰊」とも書く。卵は数の子になる。

うぐい
コイ目の淡水魚。

へらぶな
コイ目の淡水魚。釣りの対象魚として人気がある。

たつのおとしご
ヨウジウオ目の海水魚。「かいば」とも。

どじょう
「泥鰌」とも書く。川や田んぼなどにすむ。

はまち
養殖したブリ、またはイナダのことをいう。スズキ目。

むつごろう
ハゼの一種。有明海にすむ。

ひらめ
「平目」とも書く。高級魚。両目とも体の左側にある。

ちょうざめ
サメに似た近海魚。卵はキャビアの原料。

アンモナイト
古生代から中生代にかけて繁栄した化石動物。

まてがい
浅い海にすむ貝。「蟶貝」とも書く。

あまご
ヤマメに似たサケ目の魚。渓流にすみ、美味。

いしもち
タイに似たスズキ目の海水魚。

こち
カサゴ目コチ科の魚。食用になる。

わかさぎ
「公魚」とも書く。湖にすむ小魚。

あわび
「鮑」とも書く。ミミガイ科の貝。最高級食材の一つ。

いそぎんちゃく
磯などにすむ腔腸動物。毒をもつ触手で魚を捕らえる。

シシャモ
サケ目の小魚。丸干しにして食べる。

このしろ
「鮗」とも書く。ニシン目の海水魚。

ほっけ
カサゴ目の海水魚。東北・北海道地方でとれる。

みるがい
海にすむ二枚貝。食用。

はす
コイ目の淡水魚。オイカワに似る。

がざみ
カニの一種。浅い海の砂底にすむ。ワタリガニ。

ちぬ
スズキ目の海水魚クロダイの異称。主に関西以西でいう。

もつご
コイ目の淡水魚。クチボソなどともいう。

ひがい
コイ目の淡水魚。

せいご
スズキ目。スズキの幼魚。

いかなご
スズキ目の海水魚。煮干しや佃煮などにする。

めじな
スズキ目の海水魚。岩礁の間にすみ、磯釣りの対象魚。

はたはた
スズキ目の海水魚。東北地方でとれる。

たかべ
スズキ目の海水魚。夏にとれ、食用となる。

こまい
タラ目の小型の海水魚。カンカイともいう。

かわにな
淡水にすむ巻貝。「川蜷」とも書く。

しいら
スズキ目の海水魚。独特の体形をし、肉は白身。

ごんずい
ナマズ目の近海魚。毒針をもち刺されると痛い。

さっぱ
ニシン目の海水魚。ママカリともいう。

ふか
サメ類の大型のもの。ひれは中国料理に用いられる。

あさり
マルスダレガイ科の二枚貝。食用となる。

まんぼう
フグ目の海水魚。熱帯海域にすみ、浮いたように泳ぐ。

たなご
コイ目の淡水魚の一種。体形はフナに似ている。

いとう
サケ目の淡水魚。北海道の湿原地帯にすむ。

いすずみ
スズキ目の海水魚。メジナに似ている。

えい
エイ目。菱形で平たい体をひらひらさせて泳ぐ。

あめのうお
サケ目の淡水魚ビワマスの異称。ヤマメに似る。

一瓩	一哩	一瓧	一瓲	一呎
一竕	一竏	一粍	一糎	一粁
一畝	一磅	一弗	一碼	一竰
一吋	一升	一勺	一斤	一匁
一反	一石	一呏	一仙	一留

魚籃

早稲

瓜田

沃土

鉤素

疑似餌

蜑

旋網

簗

犂

馬鍬

攩網

開墾

銛

稲熱病

耕耘機

簎

稲扱き

杵

舫う

鹿驚

畦

播種

五穀豊穣

唐箕

いちフィート
長さの単位。十二インチ、三分の一ヤードにあたる。

いっトン
質量の単位。千キログラム。

いちキログラム
質量の単位。千グラム。

いちマイル
長さの単位。一七六〇ヤード。

いちミリグラム
質量の単位。千分の一グラム。

いちキロメートル
長さの単位。千メートル。

いちセンチメートル
長さの単位。百分の一メートル。

いちミリメートル
長さの単位。千分の一メートル。

いちキロリットル
容積の単位。千リットル。

いちデシリットル
容積の単位。十分の一リットル。

いちセンチリットル
容積の単位。百分の一リットル。

いちヤード
長さの単位。三フィート。

いちドル
アメリカなどの貨幣の単位。

いちポンド
イギリスの貨幣の単位。

いっせ
面積の単位。一坪の三十倍。

いちもんめ
尺貫法における質量の単位。千分の一貫。

いっきん
食パンの単位。または質量の単位。

いっしゃく
尺貫法の容積の単位。十分の一合。百分の一升。

いっしょう
尺貫法の容積の単位。一合の十倍。

いちインチ
長さの単位。十二分の一フィート。

いちルーブル
ロシアの貨幣の単位。

いちセント
アメリカなどの貨幣の単位。一ドルの百分の一。

いちガロン
液体の容積の単位。

いっこく
尺貫法の容積の単位。一升の百倍。一斗の十倍。

いったん
田畑の面積の単位。一畝の十倍。一町の十分の一。

びく
「魚籠」とも書く。釣った魚を入れておくかご。

わせ
早く実のなる稲の品種。

かでん
ウリ畑。

よくど
地味のよく肥えた土地。

はりす
釣り針に直接結ぶ細い糸。

ぎじえ
生きた魚などに似せた、偽物の餌。

あま
「海人」とも書く。漁師のこと。

まきあみ
「巻網」とも書く。魚群を網で取り囲む漁法。

やな
川の瀬で魚を捕らえる仕掛け。

すき
「からすき」とも読む。牛馬にひかせて田畑を耕す道具。

まぐわ
牛馬にひかせる鍬。「万鍬」とも書く。

たもあみ
魚をすくい上げる柄のついた網。

かいさく
野山を切り開くこと。

もり
投げたり突いたりして魚などを捕獲する道具。

いもちびょう
稲の病気。

こううんき
畑を耕す農業機械。

やす
魚を突き刺して捕らえる漁具。

いねこき
脱穀。

きね
脱穀や精米などに使う木製の道具。

もやう
船と船をつなぎ合わせる。

かかし
「案山子」とも書く。鳥を追い払うための人形。

あぜ
「畔」とも書く。土を盛り上げて作った田と田の境。

はしゅ
種まき。

ごこくほうじょう
作物がたくさんとれること。

とうみ
穀物に混じった籾殻(もみがら)などを除く道具。

勢子

悉皆屋

舎人

土師

憑坐

杣人

苦力

白拍子

傀儡師

博労

防人

噺家

商賈

猟人

経師屋

鷹匠

雑兵

錺職

禰宜

新発意

比丘

覡

紺屋

御者

檜物師

柝	十八番	仁輪加	髷物	黒衣
立女形	勧進帳	見得	台詞	散切り物
強請場	隈取	虚実皮膜	鬘物	国性爺合戦
申楽	薪能	金春流	寄席	纏頭
尉面	喝食	椀り	附子	嫐

せこ
狩猟で鳥獣をかりたてる人。

しっかいや
布地の染色や洗い張りなどを請け負う人。

とねり
昔、宮中で雑役をつとめた役人。

はじ
昔の土器職人。

よりまし
祈禱などで神霊を乗り移らせ託宣を述べさせる人。

そまびと
きこり。

クーリー
植民地時代に酷使された中国・インド人の肉体労働者。

しらびょうし
遊女。

くぐつし
「かいらいし」とも読む。人形遣い。

ばくろう
「馬喰」とも書く。馬の仲買人。

さきもり
古代に北九州の防衛にあたった兵士。

はなしか
落語家。「咄家」とも書く。

しょうこ
商人。商売。

かりゅうど
「かりうど・りょうじん」とも読む。猟師。

きょうじや
ふすま張りや書画の表装などをなりわいとする人。

たかじょう
鷹狩りのための鷹を飼育することを職業とする者。

ぞうひょう
下っ端の兵士。

かざりしょく
金属の飾り物を作る職人。

ねぎ
神職の一つ。宮司・権宮司の下に置かれる。

しんぼち
新たに出家した僧。「しんぼっち・しぼち」とも読む。

びく
男性の僧。

かんなぎ
男性の下級神職。

こうや
布地の染色を職業とする職人。「こんや」とも読む。

ぎょしゃ
「馭者」とも書く。馬車を操る人。

ひものし
檜(ひのき)のわげものを作る職人。

き
芝居や相撲で開幕・閉幕の合図に打たれる拍子木。

おはこ
「じゅうはちばん」とも読む。お家芸のこと。

にわか
即興の芸。

まげもの
時代劇。

くろこ
「くろご」とも。文楽の人形遣いや歌舞伎の後見役。

たておやま
女形の花形役者。

かんじんちょう
歌舞伎十八番の一つ。

みえ
歌舞伎で、役者がにらむようなポーズをとること。

せりふ
役者が言う言葉。文句。言いぐさ。

ざんぎりもの
明治時代の新風俗に合わせた歌舞伎。

ゆすりば
世話物で、ゆすりを見せ場とする場面。

くまどり
歌舞伎独特の化粧法。

きょじつひにく
「きょじつひまく」とも読む。近松門左衛門の演劇論。

かずらもの
能で、美しい女を主人公にした曲。

こくせんやかっせん
近松門左衛門の文楽の演目。

さるがく
「猿楽」とも書く。能・狂言の源流となった。

たきぎのう
野外で篝火(かがりび)などをたいて行う能。

こんぱるりゅう
能の流派の一つ。

よせ
落語、漫才、講談、奇術などを観客に見せる場所。

はな
芸人に与える金品。花代。「てんとう」とも読む。

じょうめん
老人を表す能面の総称。

かっしき
少年を表す能面。「かつじき・かしき」とも読む。

もぎり
映画館や劇場の入り口で入場券を切って渡す人。

ぶす
狂言の演目の一つ。

うわなり
歌舞伎十八番の一つ。

跋文	竹帛	絵詞	相聞歌	旋頭歌
奇譚	三十一文字	彫心鏤骨	操觚	洒落本
稗史	佚文	鉤括弧	擱筆	檄文
勅撰	弖爾乎波	筆忠実	神皇正統記	椿説弓張月
甲子吟行	手弱女振り	古今著聞集	康熙字典	虚栗

一節切

音叉

乙張り

撥

鉦鼓

童歌

郢曲

箏

竪琴

鼓弓

鼓

琵琶

篦

塑像

曼陀羅

篆刻

吾妻錦絵

倭絵

篳篥

伊呂波歌

浪花節

彩絵

風琴

提琴

洋琴

ばつぶん
書物・文書などの最後に書く文章。あとがき。

ちくはく
書物。本。または歴史。

えことば
絵巻物。もしくはその詞書《ことばがき》。

そうもんか
恋の歌。

せどうか
和歌の一体。五七七五七七の六句から成る。

きたん
珍しい話や伝承。

みそひともじ
短歌。和歌のこと。

ちょうしんるこつ
詩文などを非常に苦労して書くこと。

そうこ
詩文を作ること。文筆に携わること。

しゃれぼん
江戸後期にはやった遊里文学。

はいし
小説風に書かれた歴史。

いつぶん
「逸文」とも書く。一部だけが残されている文章。

かぎかっこ
「」や『』のこと。

かくひつ
筆を置くこと。書き終えること。

げきぶん
自らの主張を述べて、人々の行動を促す文章。

ちょくせん
天皇や上皇の命令で歌集などを編纂《へんさん》すること。

てにをは
助詞や助動詞。また、その用法。

ふでまめ
文章を書くのを苦としない様子。

じんのうしょうとうき
北畠親房《きたばたけちかふさ》著の歴史書。一三三九年に成立。

ちんせつゆみはりづき
曲亭馬琴《きょくていばきん》の読本。一八〇七～一一年刊。

かっしぎんこう
松尾芭蕉の「野ざらし紀行」の別称。

たおやめぶり
女性的で優雅な歌風。古今和歌集以後の歌風を指す。

ここんちょもんじゅう
一二五四年成立の説話集。

こうきじてん
中国清朝の康熙帝が編纂させた字書。

みなしぐり
榎本其角《えのもときかく》編の俳諧撰集。

ひとよぎり
尺八の一種。

おんさ
楽器の調律などに使う道具。

めりはり
音の強弱や高低。

ばち
琵琶や三味線などを弾いて音を出す道具。

しょうこ
青銅製の皿形の雅楽器。

わらべうた
昔から子供たちの間で歌われてきた歌。

えいきょく
昔の俗曲の総称。

そう
十三弦の琴。「こと」とも読む。

たてごと
ハープ。

こきゅう
「胡弓」とも書く。中国の弦楽器。

つづみ
中央がくびれた木製の銅の両端に皮を張った打楽器。

びわ
東洋の弦楽器の一つ。

ささら
田植え囃子(ばやし)などで使用する楽器。

そぞう
粘土や石膏などで作った像。

まんだら
諸仏を教理に従って、模様のように描いた絵。

てんこく
木材や石材に文字を彫ること。

あずまにしきえ
色刷りの浮世絵。「東錦絵」とも書く。

やまとえ
「大和絵」とも書く。日本の風景を描いた絵。

ひちりき
雅楽の管楽器。縦笛の一つ。

いろはうた
手習い歌の一つ。

なにわぶし
三味線に合わせて語る語り物。浪曲。

だみえ
「濃絵」とも書く。極彩色の絵。

オルガン
「ふうきん」とも読む。鍵盤楽器の一つ。

バイオリン
「ていきん」とも読む。弦楽器の一つ。

ピアノ
「ようきん」とも読む。鍵盤楽器の一つ。

基督

耶蘇教

弥撒

耆那教

湿婆神

猶太教

提宇子

馬太伝

七五三縄

阿含

阿闍梨

帝釈天

不立文字

摩耶夫人

加特力

巫術

梵唄

巫子

素戔嗚尊

弥勒菩薩

座主

華厳宗

伊弉諾尊

悉達多

鍾馗

飯事

石鹸玉

両拳

撞球

賽子

麻雀牌

立直

歌留多

角力

両差

貝独楽

奴凧

鞍馬

功夫

雲梯

御弾き

蹴球

筋斗返り

機関人形

輓曳競馬

四股

博奕

木牌子

跆拳道

達磨

キリスト
イエス・キリスト。

やそきょう
キリスト教。

ミサ
キリスト教の儀式。

ジャイナきょう
紀元前六世紀にインドにおこった宗教。

シバしん
ヒンズー教の創造と破壊の神。

ユダヤきょう
唯一神ヤハウェを信奉するユダヤ人の宗教。

ダイウス
天主。天帝。

マタイでん
新約聖書の四福音書の一つ。マタイの福音書。

しめなわ
神をまつる場所に張る縄。「注連縄」とも書く。

あごん
釈迦の説いた教え。

あじゃり
「あざり」とも読む。天台宗・真言宗における職位。

たいしゃくてん
仏法の守護神。

ふりゅうもんじ
禅宗で、悟りの境地は心で伝えられるということ。

まやぶにん
釈迦（しゃか）の母。

カトリック
キリスト教の宗派。

ふじゅつ
原始的宗教の一つ。シャーマニズム。

ぼんばい
僧が節をつけて唱えるもの。声明（しょうみょう）。

いちこ
神がかりになって霊の言葉を伝える者。巫女。

すさのおのみこと
日本の神話で天照大神（あまてらすおおみかみ）の弟。

みろくぼさつ
釈迦入滅の五十六億七千万年後に現れる菩薩。

ざす
大寺を統括する首席の僧職。

けごんしゅう
仏教の宗派の一つ。

いざなぎのみこと
日本の神話で国を生み出した神。

シッタルタ
釈迦の出家前の名。

しょうき
疫病を防ぐ中国の鬼神。

ままごと
家事や食事の真似をする子供の遊び。

シャボンだま
ストローで石鹼（せっけん）の泡を飛ばす遊び。

じゃんけん
片手で石・紙・はさみを出し合って勝負を決める。

どうきゅう
ビリヤード。玉突き。

さいころ
「骰子」とも書く。双六（すごろく）などに使う立方体の道具。

マージャンパイ
麻雀のハイ。

リーチ
麻雀のリーチ。

カルタ
「骨牌」とも書く。カルタ取りに使う札。トランプ。

すもう
「相撲」とも書く。日本の国技。

もろざし
相撲で左右の下手を取った体勢。

べいごま
「ばいごま」とも読む。鉄製のこま。

やっこだこ
やっこの姿に似せたたこ。

あんば
器械体操の用具の一つ。

カンフー
「クンフー・コンフー」とも読む。中国拳法。

うんてい
器械体操の用具の一つ。ぶら下がり運動などをする。

おはじき
ガラスの平たい玉を指で弾く遊び。

しゅうきゅう
サッカー。

とんぼがえり
宙返り。「蜻蛉返り」とも書く。

からくりにんぎょう
「絡繰り人形」とも書く。機械仕掛けで動く人形。

ばんえいけいば
荷を曳（ひ）かせた労働馬を競走させる競技。

しこ
力士が足を高く上げ、立ち合いの準備をする動作。

ばくち
「博打」とも書く。賭け事。

こけし
「小芥子」とも書く。東北地方特産の人形。

テコンドー
朝鮮の伝統的な格技。

だるま
禅宗の祖、達磨大師を模して作った張り子の玩具。

人絹	生絹	紬	銘仙	黄八丈
金襴	緞子	繻子	別珍	紅絹
絣	魚子織	晒	纐纈染	刺繍
余所行き	袈裟	単衣	袢纏	半被
猿股	犢鼻褌	御湿	雨合羽	毛斯綸

振袖	襷	脚絆	雪踏	沓
木履	朴歯	袵	襠	直衣
指貫	素襖	打掛	錦紗	絽織
桟留縞	鎖帷子	甚兵衛	割烹着	縢り
金巾	燕尾服	布袴	纏り縫い	三つ揃い

じんけん
人造絹糸。レーヨン。

すずし
「きぎぬ」とも読む。生糸で織った絹織物。

つむぎ
紬糸で織った絹織物。

めいせん
玉糸などを平織りにした絹織物。

きはちじょう
八丈島名産の織物。

きんらん
横糸に金糸を織り込んだ豪華な織物。

どんす
繻子（しゅす）織物の一つで、地が厚くつやがある。

しゅす
縦糸または横糸だけが現れるようにした織物。

ベッチン
綿のビロード。

もみ
紅色の薄手の絹地。婦人用の和服の裏地に使う。

かすり
所々かすれたような模様を織り出した織物。

ななこおり
平織物の一つ。織り目が斜めに並び、籠目に似る。

さらし
日光にあてて白くした布。

ろうけつぞめ
蠟（ろう）を使って独特の模様に染め抜く染色法。

ししゅう
布地の表に、糸でいろいろな模様を縫いつけること。

よそゆき
外出の時に着る改まった服装。

けさ
僧の着る衣服。

ひとえ
裏のない和服。「単」「一重」とも書く。

はんてん
「半纏」とも書く。羽織に似た労働用の短い上衣。

はっぴ
「法被」とも書く。祭りなどで着る丈の短い上衣。

さるまた
腰から股のあたりを覆う男性用の下着。

ふんどし
男性用の下着の一種。「たふさぎ」とも読む。

おしめ
赤ん坊の股にあてるもの。おむつ。

あまガッパ
雨を防ぐマント状の衣類。

モスリン
平織りの毛織物。

ふりそで
若い女性が着る袂（たもと）の長い和服。

たすき
和服の袂をたくしあげておくための紐。

きゃはん
旅の時などに脛（すね）にまとう布。

せった
竹の皮の草履の裏に獣の皮をはったもの。「雪駄」とも。

くつ
「靴」とも書く。履物の一種。

ぽっくり
駒下駄の一種。「ぼっくり」とも読む。

ほおば
朴の木でつくった歯のついた下駄。

おくみ
和服の前身頃に縫いつける、細長い布。

まち
衣服や袋物の幅や厚みを補う布。

のうし
昔の男性貴族の普段着。

さしぬき
幅が広く裾に括り緒のある袴。

すおう
江戸時代の下級武士の礼服。

うちかけ
「裲襠」とも書く。武家の婦人の礼服。

きんしゃ
紗の地に金糸などを織り込んで模様を表した絹織物。

ろおり
一定の透き目をつくるように織られた絹織物。盛夏用。

サントメじま
インドのサントメから渡来した綿織物。

くさりかたびら
武士が鎧の下に着る、細い鎖をつなぎ合わせた下着。

じんべえ
夏の室内着。筒袖で、膝ぐらいの丈のもの。

かっぽうぎ
料理をする時に着る袖つきで後ろあきの前掛け。

かがり
布の裁ち目がほつれないように糸で止めること。

カナキン
肌着などに用いる薄地の平織り綿布。

えんびふく
男性の礼服。背の裾がツバメの尾の形をしている。

ほうこ
幅が広く裾に括り緒のある袴。指貫の別称。

まつりぬい
布端の始末のしかたの一つ。

みつぞろい
上着、ベスト、ズボンが一組になっている洋服。

小学校で学ぶ漢字を使った三択テスト②

●正しい漢字を選びましょう。

1　こぞってご参加ください。〔集って　挙って　群って〕

2　宝のありかを白状する。〔在処　所在　在存〕

3　よもやま話に花を咲かせる。〔世万山　四万山　四方山〕

4　神主がのりとを読み上げる。〔福言　幸文　祝詞〕

5　縁日にやしとして店を出す。〔野屋師　香具師　営具師〕

6 しょきの目的を遂げる。
〔所期　初季　諸気〕

7 相手を出し抜く策をめぐらす。
〔回らす　周らす　囲らす〕

8 美女にしゅうはを送られる。
〔終葉　秋波　周歯〕

9 父がぶっこしてもう十年だ。
〔仏子　仏戸　物故〕

10 祖母はだいおうじょうした。
〔大往生　大王生　大応成〕

11 孫の愛らしさにそうごうを崩す。
〔奏合　相好　想交〕

12 相手のげんちを取る。
〔言地　原質　言質〕

▼解答は次のページにあります

解　答

1 挙って
2 在処
3 四方山
4 祝詞
5 香具師
6 所期
7 回らす
8 秋波
9 物故
10 大往生
11 相好
12 言質

解　説

3 「四方山話」とは、世間話のこと。

4 「祝詞」とは、神事の時に神官が神の前で唱える古体の言葉。

6 「所期」とは、何かを期待すること。「初期」と混同しないように注意。

8 「秋波」は、秋の澄みきった美しい水波から転じて、女性の色っぽい目つきのこと。「秋波を送る」で、色目を使って男性の関心を引こうとすること。

12 「言質」とは、あとで証拠となる約束の言葉。「げんしち」「げんしつ」は誤読による慣用読み。

第3章

自然や動植物の漢字

忘雪
大雨
雪風巻
暴雨
屢雨

戯
叢雨
私雨
秋黴雨
繁吹雨

太平雪
擂粉木隠
初深雪
雪庇
垂雪

天泣
神立
沛雨
御降
不遣の雨

粉米雪
凍雪
淫霖
不香の花
銀箭

辺つ風

花信風

熱風

何方風

山颪

晨風

松濤

白小雲

絮雲

傘鉾雲

紅霞

浚の風

絳雲

徒雲

旋毛風

狂飆

畝雲

颶風

雲の梯

山蔓

靄気

真風

嶺渡

頻波雲

蘋風

▼解答は次のページにあります

わすれゆき
その冬の最後に降る雪。

ひちさめ
びっしょり濡れる雨。または冷たい雨。ひさめ。

ゆきしまき
雪交じりの風が激しく吹くこと。

はやさめ
急に強く降る雨。にわか雨。「速雨」とも書く。

しばあめ
にわか雨。

そばえ
ある所にだけ降っている雨。

むらさめ
にわか雨。「村雨・群雨」とも書く。

わたくしあめ
ある小区域にだけ降るにわか雨。

あきついり
秋の長雨。

しぶきあめ
しぶきになって激しく降る雨。

たびらゆき
春先に降る大きな雪片の雪。「だびらゆき・だんびらゆき」とも。

すりこぎかくし
陰暦十一月の大師講の日に降る雪。

はつみゆき
その冬、または新年になって初めて降る雪。

せっぴ
山の稜線の風下側に庇（ひさし）のように張り出した積雪。

しずりゆき
木の枝などから滑り落ちてくる雪。

てんきゅう
雲がないのに降る雨。

かんだち
雷雨、夕立、にわか雨のこと。

はいう
盛んに降る雨。

おさがり
正月三が日のうちに降る雪や雨。

やらずのあめ
帰ろうとする人を引き留めるかのように降る雨。

こごめゆき
粉米のように細かい雪。粉雪。

しみゆき
硬く凍った雪。

いんりん
長い間降り続く雨。

ふきょうのはな
雪を香りのない花と見立てた語。

ぎんせん
銀色の矢。強い雨脚のたとえ。

へつかぜ
海辺を吹く風。

かしんふう
春先に吹く、花の開花を知らせる風。

いきれかぜ
むんむんと蒸し暑い風。ねっぷう。

どちかぜ
どの方角から吹いてくるのか知れない風。

やまおろし
山から吹き下ろす風。

しんぷう
夜明けに吹く風。

しょうとう
松に吹く風の音を波の音にたとえていう語。

しらさぐも
白い雲。

じょうん
綿のような雲。綿雲。

かさぼこぐも
南の空に傘を開いたような形で現れる雲。

こうか
夕日に赤く染まった雲。夕焼け雲。

さらいのかぜ
降り積もった雪を吹き散らす風。

こううん
赤い雲。天帝の居所をとりまいている雲。

あだぐも
やがて消えるはかない雲。

つむじかぜ
渦を巻いて吹く強風。

きょうひょう
荒れ狂う大風。暴風。

うねぐも
波状に連なる田畑の畝のような雲。層積雲。

ぐふう
激しい強風。

くものかけはし
たなびく雲をかけはしに見立てた語。

やまかずら
夜明けに山の端にかかる雲。

あいき
もやもやとたちこめる雲。

まじ
南風。

ねわたし
高い峰から吹き下ろす風。

しきなみぐも
次から次へと打ちよせる波のような雲。

ひんぷう
浮き草を吹き揺るがせる風。

熒惑

幾望

盈月

昊天

寥廓

金烏

織女星

星躔

雲霄

虧月

霽月

糠星

暈

牽牛星

烟月

彎月

玉兎

六連星

長庚

旻天

冲虚

皓月

穹窿

行合の空

星芒

泥濘	川面	山岨	山峡	翠巒
山の端	畔	瀞	澱み	叢林
杣山	真砂	急灘	洞	渚
海嘯	水底	礫土	細波	細流
天辺	沼沢	凹地	岩室	海石

けいこく
火星の異称。

きぼう
幾（ほとん）ど満月に近い意。陰暦十四日の夜の月。

えいげつ
満月。

こうてん
四天の一つ。夏の空。

りょうかく
広く寂しい大空。

きんう
太陽の異称。太陽に三本足の烏がいるという伝説から。

しょくじょせい
琴座のアルファ星ベガ。織姫。

せいてん
星空。

うんしょう
雲のある空。

きげつ
満月から新月の間の、欠けて細くなっていく月。

せいげつ
雨が上がった空に照る月。

ぬかぼし
夜空に散らばる無数の小さな星。

かさ
太陽や月の周囲にできる光の輪。「うん」とも読む。

けんぎゅうせい
わし座のアルファ星アルタイル。彦星。

えんげつ
かすんで見える月。

わんげつ
弓形の月。上弦または下弦の月をいう。

ぎょくと
月の異称。月に兎がすむという伝説から。

むつらぼし
昴（すばる）の異名。

ゆうずつ
宵の明星。金星。「ゆうつず」とも読む。

びんてん
四天の一つ。秋の空。

ちゅうきょ
大空。

こうげつ
明るく輝く月。

きゅうりゅう
弓形に見える大空。

ゆきあいのそら
次の季節に移り変わろうとするころの空。

せいぼう
星の光。

すいらん
緑の連山。

やまかい
「さんきょう」とも読む。山と山にはさまれた谷間。

やまそわ
山の険しい所。

かわも
川の水面。「かわづら」とも読む。

ぬかるみ
「でいねい」とも読む。地面が濡れて軟らかくなった所。

そうりん
藪(やぶ)や林。

よどみ
「淀み」とも書く。湖や川などの水が流れない所。

とろ
河川の深くて流れの穏やかな所。

ほとり
「辺」とも書く。池などの岸。

やまのは
山の尾根の線。稜線。

なぎさ
海などの波打ち際。「みぎわ」とも読む。

ほら
小さな穴。ほらあな。

きゅうだん
流れの速い瀬。急湍(きゅうたん)。

まさご
砂や小石。「浜の真砂」

そまやま
木材用の樹木を植えてある山。

せせらぎ
小川。小流。またはその音。

さざなみ
小さな波。「さざれなみ」とも読む。

れきど
小石の多く混じった土。

みなそこ
水の底。

つなみ
「津波」に同じ。「かいしょう」とも読む。

いくり
海の中の岩。暗礁(あんしょう)。

いわむろ
岩にできたほらあな。

くぼち
「窪地」とも書く。へこんでいる土地。

しょうたく
沼や沢。

てっぺん
頂上。いただき。「てんぺん」と読めば空の意味。

藜
錨草
一八
葵
万年青

燕子花
蒲
金盞花
葛
鶏頭

芥子
秋桜
胡蝶蘭
仙人掌
歯朶

芒
薇
鴛鴦菊
芭蕉
藺草

男郎花
金鳳花
鈴蘭
苜蓿
八重葎

車前草

竜胆

酢漿草

和蘭撫子

花豌豆

美人草

虎杖

苘麻

朮

石蕗

蕺草

浜木綿

風信子

瓠

莧

狗尾草

沢瀉

篝火草

髢草

紫雲英

蘚

射干

萱草

菘

繁縷

あかざ
アカザ科の一年草。

いかりそう
メギ科の多年草。花の形がいかりに似ている。

いちはつ
「鳶尾」とも書く。アヤメ科の多年草。

あおい
アオイ科の植物の総称。

おもと
「まんねんせい」とも読む。春に黄緑色の花が咲く。

かきつばた
「杜若」とも書く。アヤメに似た多年草。

がま
水辺に生える多年草。ガマ科。

きんせんか
キク科の越年草。春にオレンジの花を咲かす。

くず
マメ科の多年草。秋の七草の一つ。

けいとう
鶏のとさかに似た花を咲かせる植物。ヒユ科の一年草。

けし
阿片の原料となる。ケシ科の二年草。「罌粟」とも書く。

コスモス
キク科の一年草。秋にピンクや白の花を咲かせる。

こちょうらん
チョウに似た花を咲かせる南国産のラン。

サボテン
中南米に分布するトゲのある植物。「シャボテン」とも。

しだ
「羊歯」とも書く。シダ植物の総称。

すすき
「薄」とも書く。イネ科の多年草。秋の七草の一つ。

ぜんまい
「紫萁」とも書く。ワラビに似たシダ植物。

とりかぶと
「鳥兜」とも書く。キンポウゲ科の多年草。毒がある。

ばしょう
バショウ科の多年草。夏、黄褐色の花を咲かす。

いぐさ
イグサ科の多年草。畳などの原料になる。

おとこえし
「おとこめし」とも読む。初秋、白色の花を咲かす。

きんぽうげ
キンポウゲ科の多年草。晩春に黄色の花が咲く。

すずらん
ユリ科の多年草。花は白く鈴のような形をしている。

うまごやし
マメ科の越年草。「もくしゅく」とも読む。

やえむぐら
アカネ科の一、二年草。または幾重にも茂ったつる草。

おおばこ
道端などに生える多年草。「しゃぜんそう」とも読む。

りんどう
リンドウ科の多年草。根は薬用。「りゅうたん」とも読む。

かたばみ
カタバミ科の多年草。

カーネーション
ナデシコ科の多年草。母の日の贈り物。

スイートピー
マメ科の一年草。観賞用。

ひなげし
「びじんそう」とも読む。五月ごろに咲く。

いたどり
タデ科の多年草。根は薬用。

いちび
アオイ科の一年草。夏に黄色い花を咲かせる。

おけら
キク科の多年草。

つわぶき
キク科の多年草。観賞用。

どくだみ
多年草。独特の臭気がある。薬用。

はまゆう
ヒガンバナ科の多年草。海岸に生える。

ヒヤシンス
ユリ科の多年草。観賞用。「ふうしんし」とも読む。

ふくべ
ウリ科のつる草。かんぴょうの原料。「ひさご」とも読む。

ひゆ
ヒユ科の一年草。

えのころぐさ
イネ科の一年草。ねこじゃらし。

おもだか
オモダカ科の多年草。池などに生える。

かがりびそう
シクラメンの異名。サクラソウ科の多年草。

かもじぐさ
イネ科の多年草。

げんげ
レンゲソウの異名。

こけ
岩や古木などに生える植物。「苔」とも書く。

しゃが
アヤメ科の多年草。「著莪」とも書く。

かんぞう
「わすれぐさ」とも読む。ユリ科の多年草。

すずな
春の七草の一つ。カブの異名。

はこべ
春の七草の一つ。「はこべら」とも読む。

卯木
樫
枸橘
欅
榊

茶梅
沈丁花
忍冬
山茶
橡

凌霄花
櫨
橅
牡丹
木天蓼

樅
木通
支子
銀杏
木五倍子

椚
榲
柘植
楢
山桜桃

柞

五加

木豇豆

夾竹桃

構の木

皁莢

真葛

接骨木

蘇芳

栴檀

楤の木

秦皮

肉豆蔻

白膠木

梛

杜松

朴

茉莉花

寄生木

榲桲

連玉

三椏

梅擬

椹

無患子

うつぎ
ユキノシタ科の落葉低木。初夏に白色の花が咲く。

かし
ブナ科の常緑高木。

からたち
「枳殻」とも書く。ミカン科の落葉低木。

けやき
ニレ科の落葉高木。

さかき
ツバキ科の常緑小高木。神事に用いられる。

さざんか
「山茶花」とも書く。ツバキ科の常緑小高木。

じんちょうげ
常緑低木。春、香気の強い花を咲かせる。

すいかずら
「にんどう」とも読む。初夏に白色の花を咲かせる。

つばき
「椿」とも書く。春に赤や白などの花を咲かせる。

とちのき
「とち・つるばみ」とも読む。山地に自生する落葉高木。

のうぜんかずら
ノウゼンカズラ科のつる性落葉植物。

はぜ
ウルシ科の落葉高木。実は蠟（ろう）の原料となる。

ぶな
ブナ科の落葉高木。

ぼたん
キンポウゲ科。初夏、紅・白・紫などの花を咲かせる。

またたび
つる性落葉低木。ネコの好物。

もみ
マツ科の常緑高木。クリスマス・ツリーに使う。

あけび
つる性落葉低木。「通草」とも書く。

くちなし
アカネ科の常緑高木。「梔子」とも書く。

いちょう
「公孫樹」とも書く。「ぎんなん」と読めば実を示す。

きぶし
キブシ科の落葉小高木。早春、黄色の花穂を垂らす。

くぬぎ
ブナ科の落葉高木。

しきみ
モクレン科の常緑小高木。

つげ
常緑小高木。「黄楊」とも書く。

なら
ブナ科の落葉高木。

ゆすらうめ
バラ科の落葉低木。実は食用。

ははそ
ブナ科コナラ属の木の異名。

うこぎ
ウコギ科の落葉低木。

きささげ
ノウゼンカズラ科の落葉高木。「きささぎ」とも読む。

きょうちくとう
キョウチクトウ科の常緑大低木。庭木などにする。

かじのき
クワ科の落葉高木。樹皮は和紙の原料。

さいかち
マメ科の落葉高木。

さねかずら
マツブサ科のつる性常緑低木。「実葛」とも書く。

にわとこ
スイカズラ科の落葉低木。

すおう
熱帯アジア原産の落葉小高木。「蘇枋」とも書く。

せんだん
センダン科の落葉高木。

たらのき
ウコギ科の落葉低木。

とねりこ
モクセイ科の落葉高木。「梣」とも書く。

にくずく
ニクズク科の常緑高木。熱帯産。実から香辛料をとる。

ぬるで
ウルシ科の落葉小高木。「樗」とも書く。

なぎ
マキ科の常緑高木。ナギノキ。

ねず
ヒノキ科の常緑小高木。実は薬用。

ほお
モクレン科の落葉高木。

まつりか
インド原産のモクセイ科の常緑低木。

やどりぎ
ヤドリギ科。「宿木」とも書く。他の植物に寄生する。

マルメロ
バラ科の落葉高木。西アジア原産。

レダマ
マメ科の落葉低木。地中海沿岸地方の原産。

みつまた
ジンチョウゲ科の落葉低木。中国原産。

うめもどき
モチノキ科の落葉低木。葉が梅に似ている。

さわら
ヒノキ科の常緑高木。

むくろじ
ムクロジ科の落葉高木。

山羊

犛牛

白鼻心

狆

浣熊

独楽鼠

麕

単瘤駱駝

穿山甲

鬣犬

狒狒

氈鹿

豪猪

熊猫

貛

溝鼠

斑馬

蝟

樹懶

鼯鼠

馬来熊

騾馬

山鼠

食蟻獣

犰狳

鯱

海象

海獺

儒艮

葦鹿

抹香鯨

海豹

海月

胡獱

膃肭獣

巨頭鯨

海狸

鴨嘴

川獺

河馬

白長須鯨

逆戟

砂滑

背美鯨

海星

一角

鰐

河海豚

鬚鯨

勇魚

やぎ
ウシ科の哺乳動物。乳、毛、肉などをとるための家畜。

ヤク
ウシ科。高地にすむウシに似た動物。長い毛と角が特徴。

はくびしん
イタチに似たジャコウネコ科の動物。

ちん
小型で愛玩用のイヌの一種。

あらいぐま
「洗熊」とも書く。食べ物を洗って食べるように見える。

こまねずみ
小型のハツカネズミ。

のろ
ユーラシア大陸にすむ小型のシカ。

ひとこぶらくだ
こぶが一つのラクダ。

せんざんこう
アルマジロに似た動物。中国では食用とされることも。

ハイエナ
食肉目ハイエナ科。死肉を食べるイヌに似た動物。

ひひ
「狒狒」とも書く。アフリカなどに分布するサル。

かもしか
高山にすむウシ科の動物。「羚羊」とも書く。

やまあらし
とげ状の体毛をもつ小動物。「山荒」とも書く。

パンダ
「大熊猫」でジャイアント・パンダ。中国産の希少動物。

あなぐま
「穴熊」とも書く。

どぶねずみ
下水道などにすむネズミ。

しまうま
「縞馬」とも書く。アフリカ産の縞模様のある馬。

はりねずみ
背中に針状の毛がある小動物。

なまけもの
サルに似た、樹上で暮らす動きの遅い動物。

むささび
リスに似た小動物。木の間を飛ぶ。「ももんが」とも読む。

マレーぐま
東南アジア産の小型の熊。

らば
雌馬と雄ロバの混血種。

やまね
ネズミに似た小動物。森林にすむ。

ありくい
中南米産の動物。長い舌を使ってシロアリを食べる。

アルマジロ
体が甲羅で覆われている。

しゃち
マイルカ科の海獣。「海のギャング」といわれる。

セイウチ
オットセイに似た大型の海獣。大きな牙をもつ。

ラッコ
カワウソに似た動物。「海猟・猟虎・獺虎」とも書く。

じゅごん
水棲の哺乳動物。人魚伝説のもととなったとされる。

あしか
「海驢」とも書く。オットセイに似た海洋動物。

まっこうくじら
四角い頭が特徴のクジラ。

あざらし
オットセイに似た海洋動物。

くらげ
腔腸（こうちょう）動物。体は寒天質で骨格がなく、一般的に傘形。

とど
アシカ科の大型の海獣。

オットセイ
「膃肭臍」とも書く。アシカ科。太平洋北部にすむ。

ごんどうくじら
クジラ目の一種。「五島鯨」がなまった。

ビーバー
川にダム状の巣を作ることで有名。「かいり」とも読む。

かものはし
オーストラリア原産の哺乳動物。

かわうそ
イタチ科の哺乳動物で川にすむ。特別天然記念物。

かば
アフリカ産の大型の哺乳動物。

しろながすくじら
地球上最大の哺乳動物。

さかまた
シャチの異名。「逆叉」とも書く。

すなめり
河川や浅い海域にすむイルカの一種。

せみくじら
前頭部にこぶのあるクジラ。

ひとで
ヒトデ綱に属する棘皮（きょくひ）動物の総称。

いっかく
イッカク科の一種で、長い角のような牙をもつ。

わに
水辺にすむ大型の爬虫類。

かわいるか
淡水にすむイルカ。

ひげくじら
ヒゲクジラ亜目に属する哺乳類の総称。

いさな
クジラの古称。「鯨」とも書く。

鵞鳥	鷗	鶸	矮鶏	鵲
水鶏	鵙	懸巣	烏骨鶏	鶫
隼	善知鳥	杜鵑	金糸雀	鶺鴒
梟	鷽	雎鳩	鵤	葦切
禿鷲	孔雀	鴫	鶯	鷲

花鶏

鴇

背黄青鸚哥

花魁鳥

鳰

郭公

百合鷗

巫女秋沙

赤翡翠

翡翠

小綬鶏

緑啄木鳥

鸊鷉

小雀

鷂

鵟

狗鷲

雀鷂

鳧

鷦鷯

黄鶲

木の葉木菟

蒿雀

繡眼児

美夜故杼里

がちょう
カモ科の水鳥。

かもめ
チドリ目の海鳥の一種。群れをなして魚を捕食する。

ひわ
黄緑色の毛をもつ小型の渡り鳥。

チャボ
鶏の一種。

かささぎ
カラス科の鳥。肩と腹と翼の先が白く、その他は黒。

くいな
小型の水鳥。クイナ科。

もず
「百舌」とも書く。スズメよりやや大型で性質が荒い。

かけす
他の鳥の声を真似るのが特徴。スズメ目カラス科。

うこっけい
鶏の一種。天然記念物。

つぐみ
小型の渡り鳥。スズメに似ている。

はやぶさ
速い速度で飛び、獲物を捕らえる。

うとう
ウミスズメ科の海鳥。語源はアイヌ語との説もある。

ほととぎす
「子規・不如帰・時鳥・杜宇」などとも書く。

カナリア
カナリア諸島の原産。「きんしじゃく」とも読む。

せきれい
セキレイ科の鳥。羽の色は白と黒、または黄色と黒。

ふくろう
夜行性の鳥。西洋では知の象徴とされる。

うそ
アトリ科の小鳥。「嘯鳥」とも書く。

みさご
海岸にすむカモメに似た鳥。「しょきゅう」とも読む。

いかる
アトリ科の小鳥。「斑鳩」とも書く。

よしきり
ウグイス科の鳥で、鳴き声がやかましい。

はげわし
死肉を常食とする大型の鷲。

くじゃく
美しい羽が特徴の大型の鳥。キジ科。

しぎ
クイナに似た水鳥。多くは長距離の渡りを行う。

うぐいす
オリーブに似た色の野鳥。春先にホーホケキョと鳴く。

あひる
「家鴨」とも書く。カモ科。肉・卵は食用となる。

あとり
アトリ科の小鳥。日本で越冬する渡り鳥。

とき
トキ科。「朱鷺・鴇」などとも書く。日本では既に絶滅。

せきせいいんこ
インコ科の鳥。ペット用に様々な羽毛の品種がある。

エトピリカ
「おいらんどり」とも読む。オレンジ色のくちばしが特徴。

にお
カイツブリの古名。

かっこう
カッコウ科の鳥。ホオジロやモズなどの巣に産卵する。

ゆりかもめ
カモメ科の水鳥。赤いくちばしと脚が特徴。東京都の鳥。

みこあいさ
カモ科の水鳥。パンダのように目の周りが黒い。

あかしょうびん
カワセミ科の鳥。全身が赤褐色でくちばしが赤い。

かわせみ
カワセミ科の鳥の総称。水辺にすむ美しい小鳥。

こじゅけい
キジ科の鳥。鳴き声は「チョットコイ」と聞こえる。

あおげら
キツツキ科の鳥。背は緑色で、頭部が赤い。

かいつぶり
カイツブリ科の水鳥の総称。「かいつむり」とも読む。

こがら
シジュウカラ科の鳥。頭が黒く顔や腹が白い。

はいたか
タカ科。「はしたか」とも読む。主に低山帯の林にすむ。

のすり
タカ科の鳥。全身褐色で下面は淡色。

いぬわし
タカ科の鳥。深山にすむ。天然記念物。

つみ
タカ科の鳥。日本で最小の鷹。小鳥を捕食する。

けり
チドリ科の鳥。背は灰色で腹は白色。

みそさざい
ミソサザイ科の野鳥。全体に茶色い小鳥。

きびたき
ヒタキ科の鳥。山地にすみ、美しい声で鳴く。

このはずく
フクロウ科。背面が褐色で枯れた木の葉に似る。

あおじ
ホオジロ科の鳥。褐色の背に黒い縦斑がある。

めじろ
メジロ科。のどが黄色で目の周りが白い。

みやこどり
カモメ科の鳥ユリカモメの雅称。

水馬

螽

天牛

鬼蜻蜓

螻蛄

蟷螂

蛆

馬陸

水蠆

蚰蜒

尺取虫

山楝蛇

蜚蠊

草履虫

石竜子

斑猫

蜹

茅蜩

守宮

百足

蝨

磯蚯蚓

蠑螈

蛍

恙虫

蚜虫

蜻蜓

蝗虫

真田虫

沙蚕

浮塵子

舞舞被

筬虫

蟾蜍

蛇舅母

椿象

瓢虫

金蚉

埋葬虫

蛭

田鼈

蟦

蛁蟟

蠍

薄羽蜉蝣

雨虎

蟯虫

地潜

螠

飯匙倩

あめんぼ
「水黽」とも書く。水面を滑るように進むのが特徴。

いなご
「蝗」とも書く。佃煮にして食べる地方もある。

かみきりむし
「髪切虫」とも書く。木の幹を食べる害虫。

おにやんま
大型のトンボの一種。

けら
「おけら」とも読む。コオロギに似ている。

かまきり
「とうろう」とも読む。体は細長く緑または褐色。

うじ
ハエの幼虫。

やすで
ムカデに似た節足動物の一つ。

やご
トンボの幼虫。

げじげじ
ムカデに似た節足動物。「げじ」とも読む。

しゃくとりむし
蛾の幼虫で、手で寸法を測るかのような動作で進む。

やまかがし
毒蛇の一種。本州以南、東南アジアに分布。

ごきぶり
台所の嫌われ者。

ぞうりむし
草履の形に似た原生動物。

とかげ
爬虫類の一種。「蜥蜴」とも書く。

はんみょう
甲虫の一種。「みちおしえ」などと呼ばれる。

ぶゆ
「ぶよ」とも読む。人や獣の血を吸う蚊に似た昆虫。

ひぐらし
セミの一種。カナカナと鳴く。

やもり
トカゲに似た爬虫類。古来家の守り神とされてきた。

むかで
「蜈蚣」とも書く。毒のある節足動物。

しらみ
シラミ目の昆虫の総称。「虱」とも書く。

いそめ
海岸にすむミミズに似た小動物。

いもり
トカゲに似た両生類。

こおろぎ
「蟋蟀」とも書く。秋の夜長に美しい声で鳴く。

つつがむし
ダニ目の節足動物。

ありまき
植物につく害虫。「あぶらむし」とも読む。

とんぼ
トンボ目の昆虫の総称。「やんま」とも読む。

ばった
バッタ科に属する昆虫。「こうちゅう」とも読む。

さなだむし
条虫綱の寄生虫の総称。真田紐に似た形。

ごかい
ゴカイ科の環形動物。海辺にすむ。釣りの餌に使う。

うんか
ウンカ科の昆虫の総称。農作物につく害虫。

まいまいかぶり
オサムシ科の甲虫。カタツムリを食う。

おさむし
オサムシ科の甲虫の総称。後ろ羽が退化して飛べない。

ひきがえる
ヒキガエル科の両生類。背中にいぼ状の突起がある。

かなへび
カナヘビ科のトカゲの総称。「金蛇」とも書く。

かめむし
カメムシ科の昆虫の総称。悪臭を放つ。

てんとうむし
テントウムシ科の甲虫。黄や赤の地に黒の斑点をもつ。

かなぶん
コガネムシ科の甲虫。青銅色の体で、音を立てて飛ぶ。

しでむし
シデムシ科の甲虫の総称。動物の死体を食べる。

ひる
ヒル綱の環形動物の総称。人畜の血を吸う。

たがめ
半翅目の大型水生昆虫。小魚やカエルなどを捕食する。

かわげら
積翅（せきし）目に属する昆虫の総称。

みんみんぜみ
セミの一種。ミーンミーンと鳴く。

さそり
サソリ目の節足動物。毒とはさみをもち体はエビに似ている。

うすばかげろう
脈翅目の昆虫。形はトンボに似て、夜行性。

あめふらし
体長十五センチ前後でナメクジに似ている。

ぎょうちゅう
線虫綱の寄生虫。人の腸管・盲腸などに寄生する。

じむぐり
ヘビの一種。体長一メートルほど。

ゆむし
ユムシ綱に属する環形動物。海にすむ。

はぶ
ヘビの一種。沖縄・奄美諸島にすみ、猛毒をもつ。

- 鵼
- 河童
- 猩猩
- 大百足
- 凰
- 朱雀
- 烏天狗
- 麒麟
- 白虎
- 狢
- 鎌鼬
- 獅子女
- 鮫人
- 獏
- 蟒蛇
- 土蜘蛛
- 槌の子
- 天の邪鬼
- 八岐大蛇
- 野衾
- 三尸虫
- 迦陵頻伽
- 付喪神
- 蛟
- 八咫烏

玻璃

縞瑪瑙

石榴石

玉髄

瑠璃

雲母

金剛石

琥珀

硨磲

珊瑚

御影石

橄欖石

朧銀

金鍍金

八尺瓊勾玉

鐶

釧

笄

鼈甲

螺鈿

瓔珞

翠玉

蛋白石

土耳古石

紫水晶

ぬえ
源頼政が射落としたという怪物。「鵺」とも書く。

かっぱ
頭に水をたたえた皿のある妖怪。

しょうじょう
サルに似た怪物。大酒飲みだという。

おおむかで
巨大なムカデ。藤原秀郷が退治したという話が有名。

おおとり
鳳凰《ほうおう》のこと。伝説上のめでたい鳥。

すざく
古代中国の四神の一つで南方を司る。

からすてんぐ
カラスのようなくちばしをもつ天狗。

きりん
聖人が現れ、王道が行われる時に出現するとされた。

びゃっこ
四神の一つ。西方を司る。

むじな
人をだます動物。タヌキ。「同じ穴の狢」

かまいたち
人の体を切り裂くとされたイタチの妖怪。

スフィンクス
古代エジプトの人面獣身の怪物。旅人に謎かけをする。

こうじん
南海にすむとされる人魚。

ばく
人の悪夢を食うとされた怪物。

うわばみ
大蛇。おろち。大酒飲みの意味でも使われる。

つちぐも
地中にすむ大グモ。源頼光が退治したとされる。

つちのこ
胴の太い蛇のような怪物。野槌と呼ぶこともある。

あまのじゃく
昔話に悪者として登場する鬼。

やまたのおろち
頭と尾が八つある大蛇。スサノオノミコトが退治した。

のぶすま
空を飛んで人を襲い、その口をふさいでしまうという。

さんしちゅう
腹の中にすみ、その人の秘密を天に告げるという虫。

かりょうびんが
雪山または極楽にすむという架空の鳥。

つくもがみ
百年を超えた日用品に宿るといわれる精霊。

みずち
水中にすむという蛇に似た形をした竜の一種。

やたがらす
神武天皇の道案内をしたというカラス。

はり
七宝の一つ。水晶。

しまめのう
縞模様のある瑪瑙。

ざくろいし
ガーネット。

ぎょくずい
石英の微細な結晶の集合体。

るり
七宝の一つ。青色の宝石。

きらら
「うんも」とも読む。花崗岩に含まれている鉱物。

こんごうせき
ダイヤモンド。

こはく
澄んだ黄褐色の宝石。太古の樹脂が石化したもの。

しゃこ
七宝の一つ。シャコ貝の貝殻。

さんご
七宝の一つ。サンゴ。

みかげいし
花崗岩。建材用。

かんらんせき
マグネシウムや鉄に富む珪酸(けいさん)塩鉱物。

ろうぎん
「おぼろぎん」とも読む。銅が三、銀が一の割合の合金。

きんめっき
金属の表面に金の薄い層をかぶせること。

やさかにのまがたま
三種の神器の一つ。

たまき
「環」とも書く。古代の装身具。

くしろ
古代の腕輪。

こうがい
日本髪を飾るもの。

べっこう
かんざしや眼鏡の縁などの材料。

らでん
貝殻を漆器などにはめこみ装飾する漆工芸技法。

ようらく
宝石・貴金属をつないだ飾り。

すいぎょく
エメラルド。

たんぱくせき
オパール。

トルコいし
青または青緑色の装飾用の鉱石。

むらさきずいしょう
アメシスト。

小学校で学ぶ漢字を使った三択テスト③

●正しい漢字を選びましょう。

1 競馬で擦ってすかんぴんだ。〔空寒貧　素寒貧　素漢貧〕

2 時代劇でさかやきのかつらを被る。〔月代　逆月　半月〕

3 おからでハンバーグを作る。〔雪花菜　豆乳花　落花雪〕

4 たなこから家賃を集金する。〔借子　店子　家子〕

5 裏庭のなよたけを伐採する。〔弱竹　幼竹　曲竹〕

6 薬草についてはいっかげんある。 〔一家言　一加減　一加言〕

7 せち辛い世の中になったものだ。 〔世知　世千　世地〕

8 検地によりこくだかが定められる。 〔国高　石高　穀高〕

9 今まさに出発するところだ。 〔将に　直に　政に〕

10 くだんのことで電話をかけた。 〔例　件　先〕

11 宴席をさはいする。 〔差配　左拝　査配〕

12 彼の芸はどうに入っている。 〔同　堂　道〕

▼解答は次のページにあります

解答

1 素寒貧

2 月代

3 雪花菜

4 店子

5 弱竹

6 一家言

7 世知

8 石高

9 将に

10 件

11 差配

12 堂

解説

2 「月代」は、武士が兜を被った時に、頭髪の蒸れでのぼせるのを防ぐために行われるようになった風習と言われている。

4 「店子」とは、家主に対してその貸家に住む人のこと。借家人。

6 「一家言」とは、見識に基づいた、その人独自の意見や主張。

10 頭が人、体が牛の、未来を予言する妖怪も「件《くだん》」という。

12 「堂に入る」は『論語』の「堂に升《のぼ》り室に入らず」に由来する言葉。

第4章

地名や生活の漢字

択捉島
積丹半島
新冠
稚内
竜飛崎

早池峰山
碓氷峠
磐梯山
涸沼
湯檜曽

犬吠埼
不忍池
馬喰町
等々力
麴町

強羅
国府津
糸魚川
舳倉島
石和

忍野八海
蓼科山
安房峠
愛鷹山
石廊崎

揖斐川

伊良湖岬

英虞湾

栗東

太秦

鹿ヶ谷

先斗町

十三

道修町

鵯越

城崎温泉

耳成山

美甘

多武峰

宍道湖

蒜山

厳島

御所

面河渓

遠賀川

諫早

指宿

国東半島

西表島

沖永良部島

▼解答は次のページにあります

えとろふとう
千島列島最大の島。北方領土の一部。

しゃこたんはんとう
北海道南西部の日本海に臨む半島。

にいかっぷ
北海道南部の町。サラブレッドの産地。

わっかない
北海道北端の市。水産業が盛ん。

たっぴざき
青森県津軽半島の北端の岬。

はやちねさん
岩手県北上山地の最高峰。

うすいとうげ
群馬県と長野県の境にある峠。

ばんだいさん
福島県の猪苗代湖の北にある火山。

ひぬま
茨城県中東部にある沼。

ゆびそ
群馬県利根郡みなかみ町の温泉地。

いぬぼうさき
千葉県銚子市東端の岬。「いぬぼうざき」とも読む。

しのばずのいけ
東京都台東区にある池。

ばくろちょう
東京都中央区の町名。問屋街として有名。

とどろき
東京都世田谷区の町名。

こうじまち
東京都千代田区のビジネス街。旧武家屋敷街。

ごうら
神奈川県箱根町にある温泉地。

こうづ
神奈川県小田原市の地名。

いといがわ
新潟県南西部の市。翡翠(ひすい)の産地として有名。

へぐらじま
石川県北方の小島。渡り鳥と海産物で知られる。

いさわ
山梨県中央部の温泉地。

おしのはっかい
富士山麓の山梨県忍野村にある湧水池。

たてしなやま
長野県八ヶ岳連峰の火山。

あぼうとうげ
長野県と岐阜県の境にある峠。

あしたかやま
静岡県東部の火山。

いろうざき
伊豆半島の最南端にある岬。

いびがわ
岐阜県西部を下って伊勢湾に注ぐ川。

いらごみさき
愛知県渥美半島の突端にある岬。

あごわん
三重県志摩半島南端にある湾。真珠の名産地。

りっとう
滋賀県南部の地名。中央競馬会の厩舎(きゅうしゃ)がある。

うずまさ
京都市右京区の地名。映画の撮影所で有名。

ししがたに
京都大文字山麓の地名。鹿ヶ谷事件の舞台。

ぽんとちょう
京都市中京区の遊興街。

じゅうそう
大阪駅より少し北に位置する歓楽街。

どしょうまち
大阪市中央区南船場にある町。製薬会社が並ぶ。

ひよどりごえ
六甲山地の山道。源義経の奇襲作戦で有名。

きのさきおんせん
兵庫県北東部の温泉地。志賀直哉の小説で有名。

みみなしやま
奈良県橿原(かしはら)市にある小丘。大和三山の一つ。

みかも
岡山県真庭市にある地名。

とうのみね
奈良県桜井市南部にある山。紅葉の名所。

しんじこ
島根県北東部にある湖。

ひるぜん
鳥取県と岡山県の境にある山。

いつくしま
広島湾西部の島。厳島神社が有名。日本三景の一つ。

ごせ
奈良県西部の市。

おもごけい
愛媛県中南部の渓谷。紅葉の名勝。

おんがかわ
福岡県を北流して響灘(ひびきなだ)に注ぐ川。

いさはや
長崎県中央部の市。干拓事業の是非が問題に。

いぶすき
鹿児島県薩摩半島南東部の市。砂蒸し風呂が有名。

くにさきはんとう
大分県北東部の火山半島。

いりおもてじま
沖縄県の島。イリオモテヤマネコで知られる。

おきのえらぶじま
鹿児島県奄美諸島南部の島。

亜富汗斯坦
叙利亜
氷島
阿爾及
玖馬

莫三鼻給
西班牙
葡萄牙
伯剌西爾
墨西哥

波蘭
洪牙利
諾威
羅馬尼亜
亜爾然丁

愛蘭
秘露
和蘭
白耳義
越南

芬蘭
新西蘭
智利
埃及
墺太利

亜細亜

阿弗利加

喜馬拉

欧羅巴

亜刺比亜

蘇格蘭

英蘭

戈壁

紐育

澳門

桑港

羅馬

西蔵

布哇

爪哇

巴勒斯旦

華盛頓

戸里堀

維納

伯林

漢堡

雪特尼

蘇士

黙加

聖林

アフガニスタン
西アジアの国。首都カブール。

シリア
地中海東岸のイスラム教国。首都ダマスカス。

アイスランド
北大西洋の島国。首都レイキャビク。

アルジェリア
アフリカ北部の国。首都アルジェ。

キューバ
カリブ海のキューバ島を領土とする国。首都ハバナ。

モザンビーク
アフリカ南東部の国。首都マプート。

スペイン
西ヨーロッパ、イベリア半島の国。首都マドリード。

ポルトガル
西ヨーロッパ、イベリア半島の国。首都リスボン。

ブラジル
南米大陸中東部の国。首都ブラジリア。

メキシコ
北アメリカ大陸南部の国。首都メキシコシティ。

ポーランド
東ヨーロッパの国。首都ワルシャワ。

ハンガリー
東ヨーロッパの国。首都ブダペスト。

ノルウェー
スカンディナビア半島西部の国。首都オスロ。

ルーマニア
バルカン半島北東部の国。首都ブカレスト。

アルゼンチン
南米大陸南東部の国。首都ブエノスアイレス。

アイルランド
アイルランド島の大部分からなる国。首都ダブリン。

ペルー
南米大陸西部の国。首都リマ。

オランダ
ヨーロッパ、北海に面する国。首都アムステルダム。

ベルギー
西ヨーロッパの国。首都ブリュッセル。

ベトナム
インドシナ半島の東部を占める国。首都ハノイ。

フィンランド
バルト海に面する北欧の国。首都ヘルシンキ。

ニュージーランド
南太平洋の国。首都ウェリントン。

チリ
南米大陸南西部の国。首都サンティアゴ。

エジプト
アフリカ北東部の国。首都カイロ。

オーストリア
中部ヨーロッパの国。首都ウィーン。

アジア
極東からトルコ・アラビア半島にわたる地域。

アフリカ
ヨーロッパの南方にある大陸。

ヒマラヤ
インドと中国の国境地帯にある世界最大の山脈。

ヨーロッパ
ユーラシア大陸西部と付属の島々からなる地域。

アラビア
西アジアにある世界最大の半島。

スコットランド
グレートブリテン島の北部地方。

イングランド
グレートブリテン島の中・南部地方。

ゴビ
モンゴルから天山山脈に広がる砂漠地帯。

ニューヨーク
アメリカ合衆国の都市。世界経済の中心地。

マカオ
中国、香港の対岸にある元ポルトガル植民地。

サンフランシスコ
太平洋に臨んだアメリカ合衆国の都市。

ローマ
イタリア共和国の首都。古代遺跡が有名。

チベット
中国の南西部にある自治区。

ハワイ
太平洋の諸島。州都ホノルル。

ジャワ
インドネシアの南部の細長い島。

パレスチナ
地中海の南東岸地方。紛争が絶えない。

ワシントン
アメリカ合衆国の首都。

トリポリ
地中海に臨むリビアの首都。

ウィーン
オーストリア共和国の首都。音楽の都。

ベルリン
ドイツ連邦共和国の首都。

ハンブルク
ドイツ、エルベ川流域にある河港都市。

シドニー
オーストラリアの都市。同国の首都はキャンベラ。

スエズ
エジプト北東部のスエズ運河の入り口を占める都市。

メッカ
サウジアラビア中西部にあるイスラム教の聖地。

ハリウッド
カリフォルニア州の地区。映画の都として有名。

上総	下総	常陸	磐城	陸奥
美濃	遠江	上野	下野	安房
備後	美作	播磨	但馬	若狭
因幡	伯耆	出雲	石見	周防
薩摩	日向	豊後	豊前	讃岐

黒岩涙香

乃木希典

森有礼

井上毅

財部彪

西園寺公望

陸羯南

米倉斉加年

山本五十六

珍野苦沙弥

溥儀

薄田泣菫

益田喜頓

川上貞奴

巌谷小波

饗庭篁村

南方熊楠

河東碧梧桐

上林暁

大仏次郎

直木三十五

種田山頭火

釈迢空

鏑木清方

江崎玲於奈

むつ
青森・岩手・宮城・福島全域と秋田の一部にあたる。

いわき
現在の福島県東部と宮城県南部に相当。

ひたち
現在の茨城県北東部。

しもうさ
現在の千葉県北部と茨城県の南西部にあたる。

かずさ
現在の千葉県中央部にあたる。

あわ
現在の千葉県南部に相当。

しもつけ
現在の栃木県のほぼ全域。

こうずけ
現在の群馬県のほぼ全域にあたる。

とおとうみ
現在の静岡県の西部にあたる。

みの
岐阜県の中南部にあたる。

わかさ
現在の福井県の西部に相当。

たじま
現在の兵庫県北部にあたる。

はりま
現在の兵庫県の南西部に相当。

みまさか
現在の岡山県北東部にあたる。

びんご
現在の広島県東部に相当。

すおう
現在の山口県南東部にあたる。

いわみ
現在の島根県西部にあたる。

いずも
現在の島根県東部にあたる。

ほうき
現在の鳥取県西部に相当。

いなば
現在の鳥取県東部にあたる。

さぬき
現在の香川県全域。

ぶぜん
現在の福岡県東部と大分県北部に相当。

ぶんご
現在の大分県中南部にあたる。

ひゅうが
現在の宮崎県のほぼ全域にあたる。

さつま
現在の鹿児島県西部に相当。

くろいわるいこう
文筆家。「鉄仮面」「巌窟王」などの翻訳小説で有名。

のぎまれすけ
陸軍軍人。明治天皇の大葬の日に殉死した。

もりありのり
政治家。初代文相を務めたが暗殺された。

いのうえこわし
政治家。大日本帝国憲法の起草にあたった。

たからべたけし
軍人・政治家。ロンドン軍縮会議全権大使の一人。

さいおんじきんもち
二度首相を務めたが、陸軍と衝突して退陣した。

くがかつなん
ジャーナリスト。新聞「日本」を創刊した。

よねくらまさかね
俳優。「劇団民藝」出身。絵本作家としても活躍。

やまもといそろく
海軍元帥。ソロモン諸島上空で戦死。

ちんのくしゃみ
「吾輩は猫である」に出てくる「吾輩」の主人。

ふぎ
清朝最後の皇帝。映画「ラストエンペラー」のモデル。

すすきだきゅうきん
新体詩人。「白羊宮(はくようきゅう)」が代表作。

ますだきいとん
喜劇俳優。バスター・キートンのもじり。

かわかみさだやっこ
川上音二郎の妻で女優。欧州で大人気になった。

いわやさざなみ
小説家。日本の児童文学の基礎をつくった。

あえばこうそん
劇評家・小説家・新聞記者。

みなかたくまぐす
学者。菌類の研究の一方、民俗学の発展に貢献した。

かわひがしへきごとう
俳人。正岡子規の弟子で新傾向俳句を提唱した。

かんばやしあかつき
小説家。代表作は「聖ヨハネ病院にて」。

おさらぎじろう
小説家。「鞍馬天狗(くらまてんぐ)」の原作者として有名。

なおきさんじゅうご
小説家。大衆小説の分野で活躍した。

たねださんとうか
放浪の俳人。無季自由律の句を残した。

しゃくちょうくう
折口信夫(しのぶ)の雅号。歌人・国文学者・民俗学者。

かぶらぎきよかた
日本画家。美人画を得意とした。

えさきれおな
物理学者。一九七三年ノーベル物理学賞を受賞。

井伊掃部頭
北畠親房
千々石ミゲル
桃井直詮
夢窓疎石

柄井川柳
三人吉三
里村紹巴
支倉常長
由比正雪

菱川師宣
英一蝶
荷田春満
山本荷兮
筧十蔵

宝井其角
各務支考
荻生徂徠
朱楽菅江
四方赤良

塙保己一
十返舎一九
島津斉彬
川路聖謨
土方歳三

卑弥呼

王仁

額田王

稗田阿礼

太安万侶

日本武尊

吉備真備

鑑真

弓削道鏡

淡海三船

橘逸勢

源順

俵藤太

凡河内躬恒

小野篁

阿弖流為

武内宿禰

藤原公任

赤染衛門

巨勢金岡

文屋康秀

大江匡房

天鈿女命

源為朝

以仁王

いいかもんのかみ
井伊直弼（なおすけ）。幕末の大老。桜田門外の変で暗殺。

きたばたけちかふさ
「神皇正統記」を著し、南朝の正統性を主張。

ちぢわミゲル
天正遣欧使節の一員としてローマ法王に謁見。

もものいなおあきら
幸若舞（こうわかまい）の創始者とされる人物。

むそうそせき
禅僧。臨済宗の黄金時代を築いた。

からいせんりゅう
「誹風柳多留」（はいふうやなぎだる）の編者の一人。

さんにんきちさ
歌舞伎「三人吉三廓初買」の吉三と名乗る三人の盗賊。

さとむらじょうは
室町末期の連歌師。世渡り上手だったという。

はせくらつねなが
江戸初期の仙台藩士。渡欧しローマ法王に謁見。

ゆいしょうせつ
江戸初期の軍学者。クーデターを画策し失敗。

ひしかわもろのぶ
浮世絵師。代表作に「見返り美人図」がある。

はなぶさいっちょう
江戸前・中期の画家。

かだのあずままろ
国学者・歌人。賀茂真淵（かものまぶち）の師。

やまもとかけい
江戸時代の俳人。「冬の日」の編者。

かけいじゅうぞう
真田十勇士の一人。鉄砲術の使い手。

たからいきかく
江戸前期の俳人。松尾芭蕉の弟子の一人。

かがみしこう
松尾芭蕉の弟子の一人。

おぎゅうそらい
儒学者。古文辞学を創唱。

あけらかんこう
江戸後期の狂歌師・川柳作者。

よものあから
大田南畝（なんぽ）の別号。狂歌師。戯作者。

はなわほきいち
盲目というハンディキャップを克服した和学者。

じっぺんしゃいっく
江戸後期の戯作者。代表作に「東海道中膝栗毛」。

しまづなりあきら
幕末の薩摩藩主。西洋技術を積極的に取り入れた。

かわじとしあきら
江戸末期の幕臣。ロシア使節と交渉した。

ひじかたとしぞう
新撰組の副長。五稜郭で戦死。

ひみこ
「魏志倭人伝」に名が残る邪馬台国の女王。

わに
五世紀に百済から文字・儒教を伝えた。

ぬかたのおおきみ
生没年不詳。天智・天武両天皇の寵愛を受けた。

ひえだのあれ
「古事記」のもとになった伝承を伝えた。

おおのやすまろ
「古事記」の編纂者。

やまとたけるのみこと
景行天皇の子で九州や関東を平定したという。

きびのまきび
奈良時代の学者・廷臣。留学生として唐に学ぶ。

がんじん
唐から戒律を伝えた。唐招提寺の開祖。

ゆげのどうきょう
称徳天皇を籠絡し、皇位を狙ったという。

おうみのみふね
奈良時代の漢学者。「懐風藻」を撰上したとされる。

たちばなのはやなり
承和の変に加わったとして伊豆に流された。

みなもとのしたごう
平安時代の歌人・学者。「後撰和歌集」の撰者の一人。

たわらとうた
藤原秀郷の異称。平将門の反乱を平定した。

おおしこうちのみつね
歌人。「古今和歌集」の撰者の一人。

おののたかむら
平安前期の学者・官僚。

あてるい
八世紀末の蝦夷(えみし)の族長。朝廷に強力に対抗した。

たけのうちのすくね
日本武尊の東征に先立って蝦夷の地を視察した。

ふじわらのきんとう
歌人。諸芸に長じていた。

あかぞめえもん
平安中期の女流歌人。

こせのかなおか
平安初期の宮廷画家で似顔絵の名人。

ふんやのやすひで
六歌仙の一人。

おおえのまさふさ
平安後期の文人・歌人。「江談抄」などを著した。

あめのうずめのみこと
天の岩戸の前で踊り、天照大神を岩戸から出した女神。

みなもとのためとも
保元の乱で清盛に敗れた。「椿説弓張月」の主人公。

もちひとおう
後白河天皇の皇子で、平家打倒の令旨(りょうじ)を発した。

痩ける

肉刺

噦り

空嘔

瘴癘

僂麻質斯

癲癇

食靠れ

狐臭

腎虚

深傷

霍乱

面疔

疝痛

肬

痂

痃癖

疼く

瘧

痼り

癆痎

癜

目眩い

虎列剌

窒扶斯

艾

煎薬

絆創膏

枸櫞酸

峻下剤

催淫剤

葛根湯

素馨

没薬

薫物

丁子

鬢付け油

規尼涅

荊芥

鴉片

弗素

弁柄

安母尼亜

軟膏

伽羅

蝦蟇の油

沃度丁幾

硼酸

黛

熊の胆

こける
ひどくやせる。

まめ
皮膚の水ぶくれ。

しゃっくり
横隔膜のけいれんで起こる現象。「吃逆」とも書く。

からえずき
吐き気を感じながらも吐けない状態。

しょうれい
気候・風土のために起こる熱病や皮膚病の総称。

リューマチス
関節などが痛む病気。リウマチ。

てんかん
けいれんや意識障害を発作的に起こす脳の疾患。

しょくもたれ
食べ物が消化しきれず、胃にたまった感じ。

わきが
脇から出るいやなにおい。「腋臭」とも書く。

じんきょ
セックスのしすぎによる衰弱。

ふかで
深い傷。重傷。

かくらん
夏に起こる急性の症状の総称。暑気あたり。

めんちょう
顔にできる腫れ物。

せんつう
腹の痛み。

いぼ
「疣」とも書く。皮膚の一部が突起し角質化したもの。

かさぶた
傷口の血が固まったもの。「瘡蓋」とも書く。

けんぺき
肩が凝ること。「けんべき・けんびき」とも読む。

うずく
ずきずき痛む。

おこり
マラリア性の熱病。「わらわやみ」とも読む。

しこり
筋肉や皮下組織が凝り固まった部分。

ろうがい
「労咳」とも書く。肺結核のこと。

なまず
皮膚に白や褐色の斑紋ができる皮膚病。

めまい
「眩暈」とも書く。目がくらくらすること。

コレラ
下痢と嘔吐を伴う伝染病。コレラ菌による。

チフス
チフス菌による伝染病。

もぐさ
お灸に使う綿状にしたヨモギの葉。

せんやく
せんじて飲む薬。

ばんそうこう
傷口にはる布。

くえんさん
柑橘類などに含まれる有機酸。

しゅんげざい
強い下剤。

さいいんざい
性欲を増進させる薬。

かっこんとう
漢方薬の一つ。発汗剤や下痢止めとして使う。

そけい
ジャスミンの一種。「ジャスミン」とも読む。

もつやく
香料。古代エジプトではミイラの製造に使われた。

たきもの
各種の香料を練り合わせたもの。

ちょうじ
「丁字」とも書く。クローブ。香料の一つ。

びんつけあぶら
日本髪を結う時に使う油。

キニーネ
アルカロイド。マラリアなどに効く。

けいがい
発汗・解熱・止血などの薬とする薬草。

あへん
「阿片」とも書く。ケシを原料とする麻薬。

ふっそ
虫歯の予防などに利用される物質。

ベンガラ
赤い顔料。べにがら。

アンモニア
刺激臭のある無色の気体。薬用。

なんこう
脂肪・ワセリンなどを混ぜて塗りやすくした薬。

きゃら
沈香からとった香料。

がまのあぶら
ヒキガエルの体の分泌液からとるという薬。

ヨードチンキ
切り傷などの消毒に使う赤褐色の液体。

ほうさん
弱酸の一つ。薬用・工業用。

まゆずみ
眉を描くための墨。

くまのい
熊の胆嚢(たんのう)を乾燥させたもの。消炎・強壮などの薬。

校倉	四阿	荒屋	九尺二間	裏店
祠	宗廟	台	窖	櫓
住処	哨舎	古刹	納屋	方丈
廬	堰堤	廐	暗渠	陋居
土瀝青	煉瓦	新地	混凝土	大廈

上がり框

棟木

憚り

臥し所

囲炉裏

閨

長押

格天井

梁

棰

窗

梲

三和土

樋

枝折戸

築地塀

陸屋根

籬

冠木門

櫺子

手水場

破風

擬宝珠

溷

鴨居

うらだな
裏通りに面した家。

くしゃくにけん
狭くてみすぼらしい家。

あばらや
荒れ果てた家。自分の家を謙遜してもいう。

あずまや
四方の柱と屋根だけの建物。

あぜくら
柱を用いず、木材を積み重ねて壁にした倉。

やぐら
木材などを高く組み上げて作った構築物。

あなぐら
地下に掘った部屋。

うてな
見晴らしのいい高い建物。高楼。

そうびょう
祖先の霊をまつった建物。

ほこら
神をまつった小さな社。

ほうじょう
一丈四方程度の広さの部屋や建物。

なや
物置小屋。

こさつ
古い由緒のある寺。

しょうしゃ
歩哨が詰める見張り小屋。

すみか
「住家・栖」などとも書く。住む家。すまい。

ろうきょ
狭くてむさ苦しい家。

あんきょ
地下に設けたり、覆いをしたりして外から見えない水路。

うまや
馬を飼っておくための小屋。馬小屋。

えんてい
水をせきとめる堤防。ダム。

いおり
世捨て人などが住む粗末な家。「庵・菴」とも書く。

たいか
大きな家。豪壮な建物。

コンクリート
セメントに砂利などを加えた建材。

さらち
「更地」とも書く。建造物のない宅地。

れんが
家の壁などに使う赤褐色の建材。

アスファルト
道路の舗装などに使う材料。「どれきせい」とも読む。

あがりかまち　家の上がり口に渡した横木。「あがりまち」とも。

むなぎ　棟に用いる材木。「むねぎ」とも読む。

はばかり　便所。トイレ。

ふしど　寝室。寝床。

いろり　部屋の床を四角に切って作った炉。

ねや　寝室。

なげし　鴨居の上や柱の間に渡した横木。

ごうてんじょう　格子形に組んで作った天井。

はり　「うつばり」とも読む。屋根を支えるための横木。

たるき　屋根板などを支えて、棟から軒に渡す木。

まど　「窓」に同じ。

うだつ　梁の上の棟木を支える柱。

たたき　セメントなどで固めた土間。

とい　屋根の雨水を受けて流す仕掛け。

しおりど　木や竹を編んで作った粗末な戸。

ついじべい　屋根を瓦でふいた土塀。

ろくやね　傾きがほとんどない屋根。

まがき　柴・竹などで作った垣。

かぶきもん　横木を渡した屋根のない門。

れんじ　窓や欄間（まらん）などに一定の間隔でとりつけた格子。

ちょうずば　手を洗う所。便所。トイレ。

はふ　日本家屋の切妻屋根の端につけた山形の板。

ぎぼし　手すり・欄干などの飾り。「ぎぼうし」などとも読む。

かわや　「厠」と書くのが一般的。便所。トイレ。

かもい　引き戸などを渡すための溝のある上方の横木。

什器　甕　火燵　厨子　瓶子

挑灯　猪口　帷　御虎子　蠅帳

障子　文机　脚立　茶筅　菜箸

桐簞笥　薬缶　葛籠　丼鉢　急須

衣紋掛　衣桁　徳利　漏斗　燭台

椅子

樽

建具

俎

卸し金

瓦斯焜炉

提

御櫃

擂り鉢

抽斗

几帳

下駄箱

卓袱台

尿瓶

盥

御玉杓子

洋灯

煖炉

行火

高坏

床几

洋卓

七厘

鑵子

焙烙

じゅうき
日常使う食器。生活用品。日用品。

かめ
「瓶」とも書く。大型の壺。

こたつ
「炬燵」とも書く。日本固有の暖房器具。

ずし
仏像などを安置する仏具。

へいじ
とっくり。「へいし」とも読む。

ちょうちん
「提灯」とも書く。携帯用の照明器具。

ちょこ
「ちょく」とも読む。口の広い小さなさかずき。

とばり
「帳」とも書く。部屋の仕切りに使う布。

おまる
室内用の持ち運びできる便器。

はいちょう
「はえちょう」とも読む。ハエよけの金網を張った戸棚。

しょうじ
建具の一つ。

ふづくえ
「ふみづくえ」とも読む。読み書きをするための机。

きゃたつ
「脚榻」とも書く。高い所の物をとるため使う梯状の台。

ちゃせん
抹茶をたてる際に、かき回して泡を立てる道具。

さいばし
料理をする時に使う長い箸。とり箸。

きりだんす
桐でできたたんす。

やかん
アルミや銅でできた湯をわかすための容器。

つづら
衣服などを入れるかご。「かつろう」とも読む。

どんぶりばち
大きめの茶碗。どんぶり。

きゅうす
お茶をいれるための容器。

えもんかけ
着物を掛けておく家具。

いこう
鳥居のような形で、着物を掛けておくための家具。

とっくり
口の狭くなっている酒の容器。「とくり」とも読む。

ろうと
「じょうご」とも読む。口の狭い器に液体を注ぐ道具。

しょくだい
ろうそく立て。

いす
腰を掛けるための家具。

たる
酒などを入れる木製の容器。

たてぐ
障子やふすまなどの部屋を仕切るものの総称。

まないた
食材を切る時に敷く台。

おろしがね
食材を細かくすりおろすのに使う金属製の器具。

ガスこんろ
炊事用の加熱器具。

ひさげ
注ぎ口とつるのある銀・錫（すず）製の器。

おひつ
炊きあがった飯を入れておく容器。

すりばち
食べ物を細かくすりおろすのに使う鉢。

ひきだし
たんすや机についた抜き差しができる箱。

きちょう
昔の部屋の仕切りに使ったとばり。

げたばこ
履物をしまうための家具。

ちゃぶだい
脚の低い食卓。

しびん
「溲瓶」とも書く。病人などが排尿するための便器。

たらい
水や湯を入れてものを洗う容器。

おたまじゃくし
味噌汁などをすくうのに使う半球形のしゃくし。

ランプ
西洋式の照明具。「ようとう」とも読む。

だんろ
「暖炉」とも書く。部屋を暖める、壁に設けた炉。

あんか
手足を温めるために用いる暖房器具。

たかつき
食物を盛る脚のついた器。「たかすき」とも読む。

しょうぎ
折りたたみ式の腰掛け。

テーブル
脚の長い台。机や食卓など。

しちりん
土製のこんろ。

かんす
湯をわかすための青銅または真鍮（しんちゅう）製の器。

ほうろく
炒ったり蒸し焼きにするのに使う素焼きの土鍋。

鉄梃	鉄鎚	玄翁	手斧	鞴
鉋	鑽	鑿	治具	万力
盤陀鏝	錐	金鋏	鑢	番瀝青
槓杆	才槌	螺子	鶴嘴	弾機
糸鋸	鋲	仮漆	鉄床	矩尺

紙撚り

如雨露

物指

火熨斗

朸

鍼

鉈

合口

篦

秤

刷子

喞筒

剃刀

梱

十露盤

煙管

枝折

爪楊子

瓦落多

錘

燧石

櫂

土圭

鉗子

燐寸

ふいご
冶金（やきん）などの火をおこすための送風器。

ちょうな
「ておの」とも読む。木材の荒削りなどに使う道具。

げんのう
鑿（のみ）をたたいたり石を割ったりするのに使う金槌。

かなづち
金属製の鎚。「てっつい」と読めば、厳しい制裁。

かなてこ
金属製の梃子（てこ）。「てってい」とも読む。

まんりき
工作材料を挟んで締め付けて固定させる道具。

ジグ
工作機械の補助具。

のみ
木材や石材を削る道具。

たがね
金属を切ったり削ったりする道具。

かんな
材木の表面を削って滑らかにする工具。

ペンキ
塗料。

やすり
物を削ったり研いだりする道具。

かなばさみ
金属を切るためのはさみ。

きり
木材などに穴を空ける道具。

はんだごて
はんだを溶かして、金属を接合させる道具。

ばね
「発条」とも書く。金属を巻いて弾力を利用するもの。

つるはし
土を掘り返すのに使う道具。

ねじ
らせん状の溝のある釘。「捻子」とも書く。

さいづち
小型の木槌。

こうかん
梃子のこと。レバー。

かねじゃく
直角に曲がった金属製のものさし。「曲尺」とも書く。

かなとこ
「金床」とも書く。冶金に使う鉄の台。

ニス
白木などに塗る塗料。「かしつ」とも読む。

びょう
頭部に笠形のものが付いている釘。

いとのこ
歯の細いのこぎり。

こより
和紙を細く切ってよったもの。「紙縒り」とも書く。

じょうろ
植木などに水をかける道具。

ものさし
「物差」とも書く。長さをはかる道具。

ひのし
昔のアイロン。

おうご
荷物に通して肩に担ぐ棒。天秤棒。「おうこ」とも読む。

はり
鍼術に使う針。

なた
まき割りなどに使う刃物。「炪」とも書く。

あいくち
ナイフ。短刀。「ヒ首」とも書く。

へら
先を平たくした棒状の道具。

はかり
重さを量る道具の総称。

ブラシ
ゴミを取ったり髪をとかしたりする道具。「はけ」とも。

ポンプ
「そくとう」とも読む。水などを吸い上げる道具。

かみそり
ひげを剃る道具。

こうり
竹・柳などを編んで作った荷物入れ。

そろばん
「算盤」とも書く。古来の計算道具。

キセル
刻みタバコを吸うための道具。

しおり
「栞」とも書く。読みかけの本にはさむ目印。

つまようじ
「爪楊枝」とも書く。歯にはさまったものを取り除く道具。

がらくた
役に立たない道具。

つむ
糸をつむぎながら巻き取る装置。「すい」とも読む。

ひうちいし
火打ち金を打ち合わせて火をおこす石。

かい
舟をこぐ道具。オール。

とけい
「時計」に同じ。

かんし
手術用具の一つ。

マッチ
火をつける道具。

小学校で学ぶ漢字を使った三択テスト④

●正しい漢字を選びましょう。

1　船上でいさりびを焚く。　〔漁火　勇火　導火〕

2　寺の参道にたいまつを灯す。　〔松明　照松　火松〕

3　政界を退きしせいに暮らす。　〔市井　私生　私正〕

4　ゆかたを着て花火大会に行く。　〔浴衣　湯方　衣形〕

5　猟師をわざとする。　〔仕　業　職〕

6 寺のくりで食事を作る。 〔庫裏　戸庫　裏里〕

7 七輪にたどんを入れる。 〔太炭　炭団　灰固〕

8 ゆえあって名は明かせません。 〔由　故　因〕

9 ごしょうだから勘弁してくれ。 〔後省　午少　後生〕

10 たんぺいきゅうに駆けだした。 〔単平急　短平求　短兵急〕

11 社長のちょうこうぜつにうんざりする。 〔長広舌　頂高舌　長高説〕

12 野球にはふうばぎゅうだ。 〔風場牛　富場牛　風馬牛〕

▼解答は次のページにあります

解答

1 漁火
2 松明
3 市井
4 浴衣
5 業
6 庫裏
7 炭団
8 故
9 後生
10 短兵急
11 長広舌
12 風馬牛

解説

6 「庫裏」とは寺の台所のこと。

7 「炭団」とは、炭の粉末を団子状に固めて乾燥させた燃料。火鉢や掘りごたつで使われる。冬の季語。

10 「短兵」は刀剣などの短い武器のこと。「短兵急に」で、にわかに、極めて急に、の意。

12 「風馬牛も相及ばす（＝馬や牛の雌雄が発情して互いに求め合っても、遠く隔たり会うことができない）」より、自分とは関係がないこと。また、そのような態度を取ること。

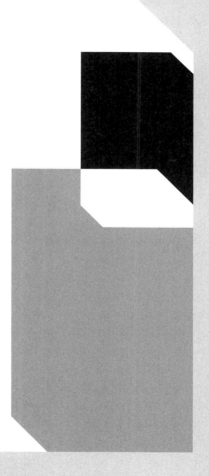

第5章

言葉や季節の漢字

如何様

八百長

掏児

猫糞

邯鄲師

騙る

磔

窩主買い

勾引かす

笞刑

人攫い

嗾す

幇助

轢き逃げ

掠取

寸借詐欺

美人局

集り

弑する

公然猥褻

贓物

苛め

科人

見ケ〆

讒誣

梯団

加農砲

手榴弾

擲弾筒

哨戒機

弩級艦

鹵獲

閧

堡塁

薬莢

掃蕩

近衛兵

輜重隊

兵糧攻め

胸墻

鑓

鐺

艨艟

遊弋

鎬

邀撃

弩

砦

烽火

胡籙

▼解答は次のページにあります

いかさま
いんちきをすること。偽物。

やおちょう
勝負事の結果を前もって示し合わせておくこと。

すり
人の持ち物をこっそり盗み取る者。

ねこばば
拾った物などを着服すること。

かんたんし
旅人が眠っている間に金品を盗む者。枕さがし。

かたる
だまして金品をとる。他人の名を利用して悪事を働く。

はりつけ
罪人をはりつけて殺す刑罰。

けいずかい
盗品を売買する商人。故買。

かどわかす
誘拐する。

ちけい
むち打ちの刑。

ひとさらい
女性や子供をだまして連れ去る者。

そそのかす
「唆す」とも書く。人を言い含めて悪事をさせる。

ほうじょ
他者の犯罪を助けること。

ひきにげ
車で人をひいて、そのまま逃げ去ること。

りゃくしゅ
人のものを奪い取ること。「略取」とも書く。

すんしゃくさぎ
すぐに返すと言って人から金品をだまし取ること。

つつもたせ
妻や情婦に男を誘惑させ、後にその男を恐喝する犯罪。

たかり
恐喝して金品を巻き上げること。またその人。

しいする
自分の親や主君を殺すこと。

こうぜんわいせつ
公共の場で良俗に反するみだらな行為をすること。

ぞうぶつ
犯罪によって不法に手に入れた金品。

いじめ
弱い立場の人を肉体的・精神的に苦しめること。

とがにん
「咎人」とも書く。罪人。

みかじめ
監督すること。取りしまること。

ざんぶ
罪をでっちあげて人を陥れること。

ていだん
軍隊の組織の単位。

カノンほう
砲身の長い大砲。

しゅりゅうだん
「てりゅうだん」とも読む。手投げの爆弾。

てきだんとう
手榴弾などを発射する火器。

しょうかいき
偵察機。

どきゅうかん
巨大な戦艦。

ろかく
敵の武器をぶんどること。

とき
戦いの時にあげる声。

ほうるい
「ほるい」とも読む。石などで築いたとりで。

やっきょう
鉄砲の火薬をつめる部分。

そうとう
「掃討」とも書く。残っている敵を全滅させること。

このえへい
天皇・君主の警護にあたる兵。

しちょうたい
軍需品の補給・輸送を受け持つ部隊。

ひょうろうぜめ
敵の食糧補給路を断って攻め落とす戦法。

きょうしょう
敵の攻撃を防ぐために土を積み上げたもの。

やり
敵を突き刺す武器。

こじり
刀のさやの末端。

もうどう
軍艦。いくさ船。

ゆうよく
軍艦があちこち航行すること。

しのぎ
刀の刃と峰の中間の部分。「鎬を削る」

ようげき
敵を迎え撃つこと。

いしゆみ
石を飛ばす弓。

とりで
要塞。

のろし
「ほうか」とも読む。敵襲などを知らせる合図の火。

やなぐい
矢を入れるための武具。「ころく」とも読む。

阿利襪

鳳梨

泡糖

鉄葉

木乃伊

乾酪

護謨

加加阿

麺麭

高加索

単寧

鬱金香

南瓜

軍鶏

桃花心木

釦

襦袢

洋杯

円規

羊駝

硝子

沈菜

三鞭酒

蕃瓜樹

莫大小

曹達

温突

襯衣

扁桃

蟹足腫

哥薩克

如雨露

型録

馴鹿

夜鳴鶯

天鵝絨

拉丁

番紅花

赤古里

新嘉坡

三鞭酒

紅鶴

淋巴

軽衫

加答児

自鳴琴

炒飯

錫蘭

甘蕉

哨吶

オリーブ
モクセイ科の常緑小高木。果実からオリーブ油をとる。

パイナップル
熱帯・亜熱帯地方で栽培される果実。

カルメラ
砂糖を主原料とし、重曹で膨らませた砂糖菓子。

ブリキ
薄い鉄板に錫（すず）をめっきしたもの。

ミイラ
死体を乾燥し保存したもの。

チーズ
牛などの乳を凝固させ発酵させた食品。

ゴム
弾性に富み絶縁体の性質を持つ物質。

カカオ
ココア・チョコレートの原料。

パン
こねた小麦粉を発酵させてから焼き上げた食品。

コーカサス
黒海とカスピ海の間に位置する地域。

タンニン
植物の樹皮や葉などに含まれる渋味の成分。

チューリップ
ユリ科の多年草。

カボチャ
果実を食用とするウリ科の果菜。

シャモ
ニワトリの一品種。闘鶏用に改良された。

マホガニー
センダン科の常緑高木。家財具などに使われる高級木材。

ボタン
衣服の合わせ目や開きをとめるもの。

ジュバン
和服用の肌着。

コップ
ガラスやプラスチックで作った容器。

コンパス
円を描くための製図器具。

ラマ
ラクダ科の哺乳動物。リャマとも。

ガラス
透明で硬いが、もろく割れやすい物質。

キムチ
朝鮮の漬け物の総称。

シャンパン
発泡性の白ワイン。

パパイヤ
熱帯地方で栽培される常緑高木。果肉は甘い。

メリヤス
綿糸や毛糸などをよく伸縮するように編んだ布。

ソーダ
発泡性の清涼飲料水。

オンドル
朝鮮の暖房装置。

シャツ
上半身に着る下着。上着に着るものもいう。

アーモンド
バラ科の落葉高木。種子の仁（じん）を食用・薬用とする。

ケロイド
やけどなどが治った後にできる紅色の隆起。

コサック
ウクライナやロシアに存在した軍事共同体。

ジョウロ
草木などに水をかけるための道具。

カタログ
商品目録。

トナカイ
ツンドラ地帯に分布するシカ科の哺乳動物。

ナイチンゲール
ヨナキウグイスとも。美しい声で鳴く小鳥。

ビロード
表面を毛羽立てた、滑らかな感触の織物。

ラテン
ラテン語。ラテン系の人。

サフラン
観賞用や薬用に栽培されるアヤメ科の多年草。

チョゴリ
朝鮮の民族衣装で、丈の短い上衣。

シンガポール
マレー半島最南端に位置する共和国。

シャンパン
発泡性の白ワイン。

フラミンゴ
鶴（つる）に似た、淡紅色の羽を持つ鳥。

リンパ
リンパ管の中にある透明な淡黄色の液体。

カルサン
筒を太くゆったりとし裾（すそ）を狭くした袴（はかま）の一種。

カタル
炎症により多量の粘液を分泌する症状。

オルゴール
ぜんまい仕掛けで自動的に曲を奏でる装置。

チャーハン
中国料理の一つ。米飯を具とともにいためたもの。

セイロン
現在のスリランカ。紅茶の生産で有名。

バナナ
熱帯地方で栽培されるバショウ科の多年草。果実は芳香美味。

チャルメラ
ラッパに似た木管楽器。

一瀉千里

八面六臂

晴耕雨読

杯盤狼藉

隔靴掻痒

春風駘蕩

城狐社鼠

合従連衡

疾風迅雷

天空海闊

光風霽月

金甌無欠

拈華微笑

孟母三遷

不倶戴天

沈魚落雁

唯我独尊

牽強付会

冠履顛倒

四海兄弟

汗牛充棟

首鼠両端

鎧袖一触

風声鶴唳

鶏鳴狗盗

会者定離

呉越同舟

行尸走肉

朝蠅暮蚊

円木警枕

烏兎匆匆

獅子奮迅

運否天賦

傍目八目

韋編三絶

一蓮托生

暴虎馮河

画竜点睛

夏炉冬扇

跼天蹐地

抜本塞源

捲土重来

樽俎折衝

秋霜烈日

唇歯輔車

駑馬十駕

夜郎自大

臥薪嘗胆

切歯扼腕

偕老同穴

いっしゃせんり
勢いが激しいこと。よどみないこと。

はちめんろっぴ
あらゆる方面で活躍すること。

せいこううどく
田舎で悠々自適の生活を送ること。

はいばんろうぜき
宴の後の乱雑なありさま。

かっかそうよう
思い通りにならずにもどかしいこと。

しゅんぷうたいとう
気候が穏やかな様子。人柄が温和な様子。

じょうこしゃそ
主君の近くにいて悪事を働くこと。

がっしょうれんこう
権力をめぐる各勢力が様々に離合集散すること。

しっぷうじんらい
行動がすばやいことのたとえ。

てんくうかいかつ
心が広く、度量が大きいこと。

こうふうせいげつ
心にわだかまりがなく、清々しいことのたとえ。

きんおうむけつ
国家の主権が強固であることのたとえ。

ねんげみしょう
言葉を用いず心から心へ伝えること。

もうぼさんせん
子供の教育には生活環境が大切だという教え。

ふぐたいてん
この世に一緒にいたくないほどの恨みがあること。

ちんぎょらくがん
魚も雁も恥じいるほどの絶世の美女のたとえ。

ゆいがどくそん
自分だけ偉いとうぬぼれること。

けんきょうふかい
自分の都合のよいようにこじつけること。

かんりてんとう
上下の順序が逆なこと。価値を取り違えること。

しかいけいてい
人類は皆兄弟のように仲よくすべきだということ。

かんぎゅうじゅうとう
蔵書が非常に多いことのたとえ。

しゅそりょうたん
態度がどっちつかずであること。

がいしゅういっしょく
たやすく敵を倒すこと。

ふうせいかくれい
ちょっとしたことにも怯えること。

けいめいくとう
つまらない技能でも役に立つことがあることのたとえ。

えしゃじょうり
出会った者はいつかは別れる運命にあるという教え。

ごえつどうしゅう
仲の悪い者同士が居合わせること。

こうしそうにく
何の役にも立たない人。

ちょうようぼぶん
何の役にも立たないものがはびこること。

えんぼくけいちん
寝る間も惜しんで勉学に励むこと。

うとそうそう
年月の過ぎるのが早いこと。

ししふんじん
激しく奮闘すること。

うんぷてんぷ
人の運不運は天が決めるものだということ。

おかめはちもく
傍観者のほうが事のよしあしがよくわかること。

いへんさんぜつ
本を何度も熟読することのたとえ。

いちれんたくしょう
みんなが運命をともにすること。

ぼうこひょうが
無謀なことのたとえ。

がりょうてんせい
物事を完成させるために最も重要なこと。

かろとうせん
役に立たないもののたとえ。

きょくてんせきち
世を憚ってびくびくして暮らすこと。

ばっぽんそくげん
災いの原因を探って根本から処理すること。

けんどちょうらい
一度敗れた者が、再び勢いを盛り返すこと。

そんそせっしょう
宴会の席で外交交渉をすること。

しゅうそうれつじつ
刑罰や権力が非常に厳しく、堅固なこと。

しんしほしゃ
互いに密接な利害関係にあること。

どばじゅうが
才能のない者も努力すれば追いつけること。

やろうじだい
自分の力量を知らずに仲間内で威張る者。

がしんしょうたん
雪辱を期して、苦労に耐えること。

せっしやくわん
非常にくやしがる様子。

かいろうどうけつ
夫婦が仲睦まじく暮らすこと。

杜撰	逆鱗	釜中	木鐸	左袒
牛耳	驥尾	先鞭	一籌	二豎
塗炭	蒲柳	月旦	完璧	雁書
膏肓	会稽	折檻	泰斗	破竹
而立	沐猴	白眉	管鮑	雌雄

痘痕

蓼

生け簀

鶍

鼬

一矢

独活

鼈

蝦

噯

畚

尾鰭

苧殻

瑕

括る

綺羅星

藁苞

沽券

鎹

鱓

楼閣

文殊

竹篦

傍杖

筵

さたん
味方すること。加勢すること。

ぼくたく
世人を導く指導者のこと。

ふちゅう
「釜中の魚」で先が長くないことのたとえ。

げきりん
「逆鱗に触れる」で偉い人を怒らせること。

ずさん
文章や仕事に間違いが多いこと。

にじゅ
病気のこと。

いっちゅう
「一籌を輸す」でわずかに負けること。

せんべん
「先鞭をつける」で他に先がけて着手すること。

きび
「驥尾に付す」で他人の尻馬に乗ること。

ぎゅうじ
「牛耳を執る」で組織などを支配すること。

がんしょ
消息を伝える手紙のこと。

かんぺき
欠点が全くないこと。

げったん
月のはじめの日。人物批評のこと。

ほりゅう
「蒲柳の質」で生まれつき体が弱いこと。

とたん
非常な苦しみのこと。

はちく
「破竹の勢い」で抑えきれないほどの勢い。

たいと
その道の大家。

せっかん
強く諫(いさ)めること。転じて厳しく懲らしめること。

かいけい
「会稽の恥」で敗戦の恥辱のこと。

こうこう
「病膏肓に入る」で不治の病にかかること。

しゅう
「雌雄を決する」で勝負を決めること。

かんぽう
「管鮑の交わり」で親しい友情のこと。

はくび
最も優れている物や人のこと。

もっこう
「沐猴にして冠す」で上辺だけ立派なこと。

じりつ
三十歳のこと。

あばた
「痘痕も靨（えくぼ）」でほれてしまうと欠点もよく見える。

たで
「蓼食う虫も好き好き」で人それぞれ好みが違うこと。

いけす
「生け簀の鯉」で自由を束縛されていることのたとえ。

いすか
「鶍の嘴（くちばし）」で物事が食い違い思い通りにならない。

いたち
「鼬の最後っ屁」で切羽詰まった時の最後の手段。

いっし
「一矢を報いる」でわずかでも反撃すること。

うど
「独活の大木」で体ばかり大きくて役に立たない人。

すっぽん
「月と鼈」で非常にかけ離れていることのたとえ。

えび
「蝦で鯛を釣る」で少ない投資で大きな利益を得ること。

おくび
「噯にも出さない」で決して口に出さない。

もっこ
「おだてと畚には乗り易い」で人は褒め言葉に弱い。

おひれ
「尾鰭をつける」で大げさに言うこと。

おがら
「餓鬼に苧殻」で何の頼りにもならないことのたとえ。

きず
「玉に瑕」で立派だがほんの少し欠点があること。

くくる
「木で鼻を括る」で愛想がなく冷淡な態度。

きらぼし
「綺羅星の如し」で立派な人が大勢居並ぶ様子。

わらづと
「藁苞に黄金」で外見は粗末でも中身が優れている。

こけん
「沽券にかかわる」で名誉にさしさわりがある。

かすがい
「子は鎹」で子の存在が夫婦の仲を繋ぎとめること。

ごまめ
「鱓の歯ぎしり」で無力な者のいたずらな憤慨。

ろうかく
「砂上の楼閣」で基礎がしっかりしていないこと。

もんじゅ
釈迦（しゃか）に仕えて知恵をつかさどる菩薩（ぼさつ）。

しっぺ
「竹篦返しを食わせる」ですぐに仕返しをする。

そばづえ
「傍杖を食う」で思わぬとばっちりを受ける。

むしろ
「針の筵」で安んじていられないことのたとえ。

韓紅　燕脂　葡萄茶　鬱金色　山吹色

朽葉色　焦茶色　群青　藍色　萌黄色

飴色　黄蘗色　橙色　緑青色　縹色

鴇色　代赭色　麴塵　鈍色　茜色

黄金色　漆黒　黄土色　菫色　紺碧

一斤染

涅色

赤香

辰砂

丹色

宍色

滅紫

纁

空五倍子色

土器色

海松色

芝翫茶

楝色

木賊色

退紅

檜皮色

潤朱

秘色色

浅葱色

瓶覗

刈安色

搗色

半色

砥粉色

濃色

からくれない
深い紅色。真紅。

えんじ
「臙脂」とも書く。黒みを帯びた濃い紅色。

えびちゃ
茶色みを帯びた赤紫色。

うこんいろ
鮮やかな黄色。

やまぶきいろ
わずかに赤みを帯びた鮮やかな黄色。

くちばいろ
赤みがかった黄色。

こげちゃいろ
黒みを帯びた濃い茶色。

ぐんじょう
鮮やかな藍青色。

あいいろ
くすんだ青色。

もえぎいろ
「萌葱色」とも書く。やや黄色みを帯びた緑色。

あめいろ
透き通った黄褐色。

きはだいろ
赤みの少ない黄色。「きわだいろ」とも読む。

だいだいいろ
オレンジ色。

ろくしょういろ
青みがかった緑色。くすんだ緑色。

はなだいろ
薄い青色。水色。

ときいろ
わずかに灰色のかかった淡紅色。

たいしゃいろ
茶色みを帯びただいだい色。

きくじん
灰色みを帯びた黄緑色。

にびいろ
濃い灰色。

あかねいろ
黄色みを帯びた沈んだ赤。

こがねいろ
金色。

しっこく
つやのある黒色。

おうどいろ
黄土のような赤みを帯びた黄色。

すみれいろ
濃い紫色。青紫色。

こんぺき
深みのある濃い青色。

いっこんぞめ
紅花で染めた淡い紅色。

くりいろ
涅(水底の土)のような、茶色がかった黒色。

あかこう
赤みがかった淡いオレンジ色。

しんしゃ
深紅色。赤色顔料の主要材料。

にいろ
赤土のような色。

ししいろ
黄みがかったピンク色。獣の肉のような色。

けしむらさき
黒ずんだ濃い紫色。「めっし」とも読む。

そひ
薄い赤色。

うつぶしいろ
五倍子(ふし)で染めた、褐色がかった淡い灰色。

かわらけいろ
赤みのあるくすんだ茶色。土器のような色。

みるいろ
黒みを帯びた黄緑色。海藻の海松の色。

しかんちゃ
ややくすんだ赤茶色。江戸時代の流行色の一つ。

おうちいろ
やや青みがかった淡い紫色。

とくさいろ
木賊の茎のような黒みを帯びた緑色。

あらぞめ
ごく薄い赤紫色。桃色。「たいこう」とも読む。

ひわだいろ
檜(ひのき)の樹皮のような黒ずんだ赤茶色。

うるみしゅ
くすんで濁ったような朱色。

ひそくいろ
紫がかった濃い青色。瑠璃色。

あさぎいろ
ごく薄い藍色。

かめのぞき
白に近いごく薄い藍色。

かりやすいろ
イネ科カリヤスで染めた明るい黄色。

かちいろ
黒く見えるほど濃い藍色。濃紺。

はしたいろ
濃い紫と薄い紫の中間の色。

とのこいろ
灰色がかった明るい黄色。砥石(といし)の粉の色。

こきいろ
黒みがかった濃い紫色。

東雲
暁
彼は誰時
薄暮
火点し頃

夙に
砌
玉響
常世
曩に

苟且
爾後
序で
暫し
瞬く間

幾許
大禍時
束の間
漸く
予予

何時何時
一頻り
古
遑
一昨昨年

睦月	弥生	卯月	半夏生	冬至
赤口	霜降	端午	文月	文披月
穀雨	初午	干支	庚	神無月
霜月	神楽月	師走	臘月	夷則
十日夜	小晦日	重陽	上巳	芒種

しののめ
早朝。

あかつき
夜明け。

かわたれどき
明け方や夕方の薄暗い時分。

はくぼ
夕暮れ。

ひともしごろ
夕方、火をともすころ。

つとに
早くから。

みぎり
時節。折。

たまゆら
わずかな時間。ほんのひと時。

とこよ
永久に変わらないこと。永遠。

さきに
以前に。近い過去に。

かりそめ
「こうしょ」とも読む。その場限り。一時。

じご
その後。

ついで
何かを行う折に、あわせて別のことをするよい機会。

しばし
しばらく。

またたくま
あっという間。瞬時。

いくばく
どれほど。「余命幾許もない」

おおまがとき
夕方の薄暗い時間。大きな禍が起こりやすいとされる。

つかのま
ほんのわずかの間。

ようやく
やっと。ようよう。

かねがね
かねて。以前から。

いつなんどき
「いつ」を強調した表現。

ひとしきり
盛んな状態がしばらくの間続く様子。

いにしえ
昔。

いとま
「暇」とも書く。時間。ひま。

さきおととし
「いっさくさくねん」とも読む。一昨年の前の年。

むつき
陰暦一月の異名。

やよい
陰暦三月の異名。

うづき
陰暦四月の異名。

はんげしょう
雑節の一つ。夏至から十一日目。

とうじ
二十四節気の一つ。陽暦十二月二十二日ごろ。

しゃっこう
「しゃっく」とも読む。六曜の一つ。

そうこう
二十四節気の一つ。陽暦十月二十三、四日ごろ。

たんご
五節句の一つ。五月五日。

ふづき
「ふみづき」とも読む。陰暦七月の異名。

ふみひらきづき
「ふみひろげづき」とも読む。陰暦七月の異名。

こくう
二十四節気の一つ。陽暦四月二十日ごろ。

はつうま
二月最初の午の日。

えと
十干と十二支を組み合わせたもの。「かんし」とも。

かのえ
十干の第七。

かんなづき
陰暦十月の異名。「かみなづき」などとも読む。

しもつき
陰暦十一月の異名。

かぐらづき
陰暦十一月の異名。

しわす
陰暦十二月の異名。

ろうげつ
陰暦十二月の異名。

いそく
陰暦七月の異名。

とおかんや
陰暦十月十日の夜。「とおかや」とも読む。

こつごもり
大みそかの前日。

ちょうよう
五節句の一つ。九月九日。

じょうし
「じょうみ」とも読む。五節句の一つ。三月三日。

ぼうしゅ
二十四節気の一つ。陽暦の六月六日ごろ。

霾る	野馬	蜃気楼	料峭	貝寄風
涅槃西風	斑雪	東風	春疾風	春霖
雪崩	薄ら氷	春泥	養花天	霞
朧月	春霜	花篝	春塵	長閑
雪消	凍て解け	啓蟄	霾晦	麗らか

黴雨

黒南風

溽暑

五月雨

逃水

海霧

安居

旱

夕凪

卯の花腐し

驟雨

氷雨

卯波

黄雀風

旱魃

炎昼

梅雨寒

青嵐

雹

油照り

薫風

茅花流し

山背風

雪渓

病葉

つちふる
黄砂が降っている。

かげろう
暖かい日に地面からゆらゆら立ち昇る気。

しんきろう
空気密度に差が生じ、遠くに何物かが見える現象。

りょうしょう
春風が冷たく感じられる様子。

かいよせ
大阪四天王寺の聖霊会(しょうりょうえ)前後に吹く西風。

ねはんにし
涅槃会前後に西から吹くそよ風。

はだらゆき
「はだれゆき」とも読む。まだらに残った雪。

こち
「とうふう」とも読む。春、東から吹く風。

はるはやて
春先に吹く強い南風。

しゅんりん
春の長雨。

なだれ
雪山で大量の雪が崩れ落ちる現象。

うすらひ
「うすらび」とも読む。薄く張った氷。

しゅんでい
雪解けなどによる春のぬかるみ。

はなぐもり
「ようかてん」とも読む。桜咲くころの曇りがちの天気。

かすみ
空中のちりや水滴などで遠くが見えにくくなる現象。

おぼろづき
春の夜のほのかにかすんだ月。「ろうげつ」とも読む。

しゅんそう
春に降りる霜。「はるしも」とも読む。

はなかがり
夜桜に風趣を添えるためにたく篝火(かがりび)。

しゅんじん
春に舞い上がるちり。

のどか
天気がよく、うららかな様子。

ゆきげ
雪が解けること。

いてどけ
凍っていた大地が解けて、ゆるむこと。

けいちつ
春になり地中の虫が出てくること。二十四節気の一つ。

よなぐもり
黄砂のために空が曇って太陽がぼんやりすること。

うららか
天気がよくのどかな様子。

ばいう
六月から七月中旬にかけて降る長雨。「つゆ」とも読む。

くろはえ
梅雨入りのころ、どんよりと曇った日に吹く南風。

じょくしょ
湿気が多く蒸し暑いこと。

さみだれ
陰暦の五月ごろ降り続く雨。「さつきあめ」とも読む。

にげみず
地面が熱せられ、水にぬれているように見える現象。

じり
夏、北海道地方の海に発生する濃い霧。

あんご
僧が一定期間一か所にこもって修行すること。

ひでり
夏、長期にわたって雨が降らないこと。

ゆうなぎ
夕方、海上の風がやみ、波が穏やかになること。

うのはなくたし
卯の花を腐らせるほど続く長雨。

しゅうう
にわか雨。夕立。

ひさめ
あられ。雹（ひょう）。

うなみ
陰暦四月のころに立つ波。

こうじゃくふう
陰暦五月に吹く東南の風。

かんばつ
長く雨が降らないこと。ひでり。

えんちゅう
真夏の暑い日中。

つゆざむ
梅雨の時期に訪れる寒気。「つゆさむ」とも読む。

あおあらし
初夏に吹く、さわやかな風。「せいらん」とも読む。

ひょう
雷雨に伴って降る氷の粒。

あぶらでり
薄曇りで風がなく、蒸し暑い夏の天気。

くんぷう
初夏に若葉の香りを漂わせて吹くさわやかな南風。

つばながし
初夏、チガヤの穂先を吹き散らす南風。

やませかぜ
夏、東北地方に吹く冷たい北東風。

せっけい
夏でも解けないで残っている高山の雪。

わくらば
病気や害虫にむしばまれた葉。

爽籟

末枯れ

野分き

高西風

鰯雲

霆

颱風

時化

不知火

穭田

葦火

洒涙雨

秋霖

秋時雨

八朔

鱗雲

狭霧

稍寒

釣瓶落し

天漢

雁渡し

臥し待ち月

更け待ち月

青北風

婚星

霰

榾火

木枯らし

湯婆

神渡し

虎落笛

雪催い

朽野

氷面鏡

嚔

冱てる

小春日和

皹

細雪

吹雪

霙

風巻

鰤起し

寒凪

風花

隙間風

朔風

氷柱

小夜時雨

垂氷

そうらい
さわやかな秋風の響き。

うらがれ
晩秋、草木の枝先や葉先が枯れてくること。

のわき
秋から初冬にかけて吹く強風。

たかにし
秋になって、突然吹き出す強い西風。

いわしぐも
秋の空にまだら状に群がり広がった雲。

いなずま
「稲妻」に同じ。いなびかり。

たいふう
夏から初秋にかけて南洋上に発生する暴風雨。

しけ
風雨のために海が荒れること。

しらぬい
夜、海上に多くの光が点々とゆらめいて見える現象。

ひつじだ
刈り取ったあとの株から新しい稲が伸び始めた田。

あしび
葦刈りの人が暖をとるために刈った葦を燃やすたき火。

さいるいう
七夕に降る雨。織姫と彦星の別れを悲しむ涙の雨。

しゅうりん
秋に長く降り続ける雨。

あきしぐれ
晩秋に降るしぐれ。

はっさく
陰暦八月一日。穀物が実ることを祈る行事を行う。

うろこぐも
いわし雲に同じ。

さぎり
霧のこと。

ややさむ
秋になって、少し寒さを感じること。

つるべおとし
秋の日が暮れやすいことのたとえ。

あまのがわ
「天の川」とも書く。銀河。

かりわたし
初秋に吹く北風。

ふしまちづき
陰暦十九日の夜の月。特に八月十九日の月。

ふけまちづき
陰暦二十日の夜の月。特に八月二十日の月。

あおぎた
初秋に吹く北風。雁渡しに同じ。

よばいぼし
流れ星。「夜這い星」とも書く。

あられ
雪に似た氷の塊。

ほたび
たき火。

こがらし
晩秋から冬にかけて吹く冷たい風。「凩」とも書く。

たんぽ
湯たんぽ。中に湯を入れて布で包み暖をとる。

かみわたし
陰暦の十月に吹く西風。

もがりぶえ
強い北風が柵などに当たって出す笛のような音。

ゆきもよい
雪が降りそうな気配。

くだらの
草木の朽ちた野。

ひもかがみ
鏡のような凍った水面。

くさめ
くしゃみ。

いてる
凍る。いてつく。「凍てる」とも書く。

こはるびより
陰暦十月ごろの暖かく晴れた陽気。

あかぎれ
寒さのために手足の皮膚が裂ける症状。「ひび」とも。

ささめゆき
細かくまばらな雪。

ふぶき
強い風とともに激しく降る雪。

みぞれ
雨と雪が混ざって降る現象。

しまき
雨や雪とともに激しく吹く風。

ぶりおこし
十二月から一月ごろに鳴る雷。

かんなぎ
寒中の風がなく、波の穏やかな日。

かざはな
風に吹かれて飛んでくる小雪。「かざばな」とも読む。

すきまかぜ
戸などのすきまから吹きこんでくる寒い風。

さくふう
北風。

つらら
雫が棒状に凍ったもの。「ひょうちゅう」とも読む。

さよしぐれ
夜に降るしぐれ。

たるひ
つらら。

小学校で学ぶ漢字を使った三択テスト⑤

●正しい漢字を選びましょう。

1 赤子を抱いてうぶすな参りをする。〔産土　初産　産名〕

2 あいつはげすす野郎だ。〔毛司　外司　下司〕

3 苦労が多かった分、喜びもひとしおだ。〔一入　人塩　一潮〕

4 いよいよ進退きわまる状況だ。〔岸まる　谷まる　沖まる〕

5 なにとぞ御かいようください。〔快洋　海容　海洋〕

6 開店祝いのくすだまを割る。〔薬玉　割玉　祝玉〕

7 たわしで鍋を洗う。〔束紙　束石　束子〕

8 彼はこわもてだが、心は優しい。〔強面　固面　角面〕

9 いりあい地で猟をする。〔入会　要合　居会〕

10 山中でしゅげんじゃに出会った。〔修厳者　修験者　守験者〕

11 あの男は罰を受けてしかるべきだ。〔然る　当る　能る〕

12 夜のとばりが下りる。〔帳　障　幕〕

▼解答は次のページにあります

解答

1 産土
2 下司
3 一入
4 谷まる
5 海容
6 薬玉
7 束子
8 強面
9 入会
10 修験者
11 然る
12 帳

解説

1 生まれた子供が初めて産土神に参ることを「産土参り」という。産土神は、その人や一族が生まれた土地を守護する神。氏神《うじがみ》。

5 「海容」とは、海は広く何事も受け容《い》れることから、海のような広い心で非礼や過失を許すこと。

9 「入会」とは、ある地域の住民が特定の山林や漁場などを共同で利用し、共通の利益を得ること。

10 「修験」は、役小角《えんのおづの》を開祖とする密教の一派。山中にこもって修行をする。

一校舎漢字研究会

『きっと誰かに教えたくなる読めるようで読めない漢字 知識編』『知っているようで意外と知らない漢字』（永岡書店刊）『よく出る！漢字検定１級本試験型問題集』（新星出版社刊）など、教養のための漢字本の執筆・編集を多数手がける。

株式会社一校舎……学習教材全般の企画・執筆・編集等を行っている教材制作のプロフェッショナル集団。
https://www.ikkosha.com

※本書は『きっと誰かに教えたくなる読めるようで読めない超難読漢字2000』に加筆・修正を行って再編集し、改題したものです。

きっと誰かに教えたくなる
読めるようで読めない漢字 教養編

2025年3月10日　第1刷発行
2025年7月10日　第2刷発行

著　者　一校舎漢字研究会
発行者　永岡純一
発行所　株式会社永岡書店
〒176-8518
東京都練馬区豊玉上 1-7-14
電話　03（3992）5155（代表）
03（3992）7191（編集）

DTP　センターメディア
印　刷　誠宏印刷
製　本　積信堂

ISBN　978-4-522-45436-7　C0176
落丁本・乱丁本はお取替えいたします。